Inserer —

LE
GVIDON
DES CAPITAINES

VTILE ET NECESSAIRE

A TOVTES PERSONNES,

& principalement à ceux
qui fuiuent l'art
Militaire.

*Auec vn excellent traicté pour apprendre
à tirer des armes.*

Plus vn brief difcours pour aller à la chaffe.

A ROVEN,

Chez Claude le Villain, Libraire & Relieur
du Roy, demeurant à la ruë du Bec,
à la bonne Renommee.

1609.

A TRES-HAVT ET
TRES-PVISSANT CESAR
MONSIEVR, DVC
de Vendofme, &c.

ONSEIGNEVR,
Les rayons de voftre lu-
miere qui de iour en iour
s'augmentent, rendent les
hommes efmerueillez, &
font fideles tefmoins que
le temps vous rendra égal (fi n'excellez)
les rares vertus de Cefar voftre deuan-
cier, que la prudence, non la fortune, fe
monftrant hofteffe de fon efprit, luy a fait
fucceder tant heureufement fes entrepri-
fes qu'elle l'a rendu victorieux de cin-
quante batailles, ce qui ne fe peut trouuer
de nul autre, à fait boüillonner en moy vn
defir de vous defdier ce Liuret tefmoin de
l'obeiffance que i'ay voüee à voftre ferui-
ce, eftimant que le receurez comme de
celuy qui demeurera à iamais,

Voftre tres-humble & tres affectionné feruiteur
CLAVDE LE VILLAIN.

SONNET.

Race de Iupiter, iſſu des flancs d'Alcmene
  Que ne t'a mis la Parque au rãg des demi-dieux
  Sans, te donnant le nom d'vn Cæſar glorieux,
  T'aſſuiettir au ſort d'vne perſonne humaine?
De tes ayeulx la ſource eſt bien plus ancienne
  Que celle des Ceſars, ni de tous les ayeulx,
  Car les tiens ci deuãt ſont tous mõtez aux cieux,
  Où leur vertu prepare vne place à la tienne.
Mais courage, tout eſt encor en ſon entier,
  Suy ces enſeignemens, qui eſt le vray ſentier
  Par ou ton pere HENRY ſans ceſſe accroiſt ſa
Cependant qu'il ſera l'Hercule des François (gloire,
  Tu n'auras autre nom: deux ſoleils à la fois
  N'illuſtrerent iamais vn meſme territoire.

DISCOVRS
FORT PROFITABLE,

A TOVS CEVX QVI SVY-
uent la guerre, tant à cheual que
de pied, tant Chefs, que Soldats,
& apprentifs, comme experts.

Comment il faut leuer Soldats, tant à pied
que de cheual, & auffi faire prouifions
des amonitions qu'il conuient,
fuiuant l'art militaire.

Preparatif de guerre.

Deuis premier.

Rain Dieu fuy mal fait biē felon fa volōté,
Soufti en ta bōne caufe en la guerre indōpté,
Aprens que la guerre eft vne eftrāge fciēce
Qui à fa theoricque en fon experience:
L'A,B,C, de ceft art eft de ne point faillir,
Et iamais au peril ne craindre ne pallir.
Dire ie m'en repens eft fimpleffe ou beftife,
Qui meffiet au Soldat plus que la coüardife.

Fay ton preparatif en Hyuer pour l'Esté,
Balance bien de nuict ton dessein proietté,
　　N'arriue sans propos, sans fond, sans aduantage
　　C'est peu sans grãd moyẽ d'amour vn grãd courage.
Limite ton dessain sur ta capacité,
Ton desir de l'honneur soit tousiours excité,
　　Sçaches bien obeir autant que tu commandes
　　Plus que ne sont tes ans ne soyẽt tes charges grãdes.
Ne pense auoir la fin par le commencement,
N'acheue tes proiects par nouueau remuement.
　　Ne basti tes desseins en vain dedans les nues
　　Soustiens de la raison les victoires conceuës.
Pour acquerir la grace & la faueur de Mars,
N'enrolle point des gueux des quaimans, des fetars.
　　Mais prens de ces soldats dont la trongne galande
　　Peut chasser la frayeur du reste d'vne bande.
Façonne de bonne heure aux efforts vsitez,
Pietons & caualiers ensemble exercitez,
　　Apprens bien les chemins, les logis les campagnes
　　Qu'il faut pour le meilleur que finemẽt tu gagnes
Cheris l'art qui apprend le mouuement des cieux,
La distance & le plain de ces terrestres lieux,
　　Suy plustost la vertu que l'erreur de fortune
　　Rempare ton pays de l'vnion commune.
Ne depeuple du tout ton regne de soldats
Afin de l'affranchir de courses & degast,
　　Et laisse en ta maison quelque chose en reserue.
　　Qu'à tout euenement ceste reste te serue.
Tiens plustost peu & seur, que beaucoup en grãd peur,
Ne hazarde apres peu, le temps, les gens & l'heur,
　　Et traicte auec plusieurs de ce qui est à faire,
　　Mais de ce que tu veux il est bon de le faire.
Sers peu ou du tout point au vulgaire ignorant,
Ne dispense du tout le plus riche ou puissant,

Tasche de descouvrir si tu peux les menees
Que mallement on a contre toy designees.
Ayes des medecins pratiquez & vsez,
Appelle à ton conseil soldats vieils & rusez:
La fille Depinette vn regret contregarde
A cil qui son pouuoir & son auoir bazarde.
Ce sont extremitez d'estre Cæsar ou rien.
Il vaut mieux retenir quelque part de son bien,
Dresse camp, prens secours bastis forts inuincibles.
De subiets, de parens, d'amis incorruptibles.
Peu à peu vient le grand, tout à couple petits,
Despeche des heraulx, sages, preux, & subtils:
Ne dißimule trop ton apparent dommage
Ne fais du bien d'autruy iamais ton heritage.
Affreste les vaisseaux qu'il te conuient armer,
Pour les donner au vent sur le dos de la mer.
Deffend la terre en mer, & la mer en la terre
Par promesses d'aucun ne fais iamais la guerre.
Pournoy celuy qui est digne de dignité,
Plustost que ton amy qui ne l'a merité,
Ne te fie par trop aux troupes coustumieres
Ny au nombre exceßif de tes auxiliaires.
Renuoye le secours ou suspect, ou trop fort,
Et fains que pour ce coup n'as besoin de renfort,
Ne t'enferme iamais dans quelque lieu prenable.
Afin que tu ne sois de ton honneur comptable,
Aime & honore ceux qui au besoin vrgent
Te donnent du secours des soldats, de l'argent.
Commande, il est meilleur que le soldat n'ait femme
Car la femme en la guerre est vne guerre infame.
Pour rendre ton soldat au combat obstiné,
Qu'il n'enuoye chez luy ce qu'il a butiné.
Crainte de deshonneur esperance de gloire,
Font qu'il meurt ou qu'enflé il gaine la victoire.

A 5

Ne faits tes coups d'essay sur chose de grand coup
L'exercice est trop cher, le coust oste le goust.
   Ne t'ataque aux plus forts sans bonne intelligence
   Vse en tout de conseil, de force, & diligence.
Venge toy, deffend toy, ne traite à la rigueur
Tes prisonniers auant qu'estre du tout vainqueur,
   Ne ciquatrise point vne playe guarie,
   Et ne pique iamais le serpent en furie.
As-tu pris quelque fort ne le rends si soudain,
Porte de l'eau au feu qui s'allume prochain,
   Ne te reuolte ia pour offence legere,
   L'inconstant est tousiours suspect à l'aduersaire.
Gaste, rompt, s'il le faut, voire moulins & fours.
Pour vuider vn passage ou tarder vn secours,
   Ton ardeur ne s'estaigne aussi tost qu'allumee
   Et plustost que le feu ne fais point la fumee.

CAMPEMENT.

DEVIS II.

De quelle façon vn bon chef doit conduire
& loger ses soldats en marchant en
campagne, & pour se garder
de son eunemy.

Plante tes pauillons dans les champs ennemis,
Bats la campagne loin de ton aimé pays,
   Ne te blesse toy mesme & seur de tes frontieres
   Meine au pays haineux tes cohortes guerrieres.
Ne loge en lieu suiet au rauage, au torrent,
Ne fais l'enceint du camp trop petit ou trop grand,
   Choisi l'air le plus sain, en riche voisinage
   Pour auoir à souhait pain, vin, chair & fourrage.

Campe non loin des bois & affez pres des eaux,
Saiſi toy le premier des commodes coſtaux
  Sçache pour le quartier combien il faut d'eſpace,
  Marque à tous le logis, le tourrain & la place.
Sur tout ne loge point en vn lieu commandé,
De peur que tu ne ſois de canon gourmandé.
  Le Prince ait au milieu ſa tente capitalle,
  Non loin de ſon logis ſoit marché, viure & halle.
Loge ſi proprement pietons & cawalliers
Que lon ne face point à l'autre deſtourbiers.
  Au pauillon du chef appointe quatre rues,
  Laiſſant quatre angles droits iuſques aux aduenues,
  S'il faut bon gré malgré camper au pied d'vn mont
  Baſti ſoudain vn fort au milieu de ſon front.
La place ne doit eſtre aux premiers qui arriuent,
Il ne ſe faut loger que les derniers ne ſuyuent,
  En pays limonneux remparé de gaſons,
  En terroir ſablonneux de ſacs pleins de ſablons.
De cinq iours le ſoldat n'ait vn ſeul de relaſche
De peur qu'il s'ō geà trouble, ou ſoit mol gourd, ou laſche
  Croy pluſtoſt à tes yeux qu'au flagorneux rapport
  Sur tout que ta valeur rie l'infauſte mort.
Il eſt bon d'aſſeurer par vne fauſſe alarme,
L'aſſeurance ou la peur de ton nouueau gendarme,
  Vne fauſſe nouuelle en credit pour deux iours
  Profite preſque autāt qu'vn vray bruit de ſecours.
Fais paſſer le ſoldat par l'eſpee ou la pique,
Qui auec l'ennemy ſans ton ſçeu communique,
  Au logis, non au camp retiens l'ambicieux,
  Extirpe de ton oſt le guerrier vicieux.
Fais que le Capitaine auec le Capitaine
N'entre iamais en picque, en rancune ou en haine,
  Oblige de preſent ton ſoldat courageux,
  Oublie le fuitif, aſſeure l'ombrageux.

A 5

N'engage ton honneur pour l'argent periſſable
Ne laſche pour le gain vn ſcelerat coulpable,
   Pour eſtre redouté n'vſe point de rigueurs,
   La douceur eſt l'aymant des eſprits & des cœurs.
Rigoureux garde l'ordre, obeys à Iuſtice.
Afin qu'à tes edits le ſoldat obeyſſe,
   En ton camp ne mets point la iuſtice à l'inquant
   Souſtien le vertueux, puny le delinquant.
Aye peu de coureurs, i'ent ens de ceux qui laſches
N'ont iamais combatu que les beuglantes vaches
   Partage le butin egal entre tes gens,
   Donc carreſſe les tous, & donne à tous preſens.
Au ſoldat engagé trop ne t'accompagnonne,
Ne conſens aux aduis (bien que bons) qu'vn ſeul dõne.
   Puis cil qui ſe reautre és liqueurs de Bacchus,
   Funeſte compagnon des ſoldat sinuaincus.
Eſtouffe tout à coup le meurtrier ſanguinere,
Et petit à petit eſtains moy la cholere,
   Appaiſe deſarmé le ſoldat querelleux
   Et en te défiant feints te fier en eux.
C'eſt eſtre demy prins que d'auoir groſſe garde,
   faut qui plus en a plus ſe craigne & ſe garde.
   Bien accord aide toy des ſoldats debandez,
   Ne rebutte pour peu les tiens meſcontentez.
Donne le mot du guet, fais parler ſentinelle,
Aſſeure ton repos en fatigue eternelle.
   Ne penſe à tes deſſeins qu'à ton vtilité,
   N'vſe de courtoiſie en temps d'hoſtilité,
Tout ce que fais pour toy nuiſt à ton aduerſaire
Et ce qu'il fait pour luy t'eſt nuiſible & contraire,
   Ne te bandes mal caut toy meſme contre toy
   Si tu veux imiter ce qu'il a faît pour ſoy.
Qui fait meilleure garde, exerce ſes gens d'armes,
Sent moindre le peril aux plus chaudes alarmes,

Pouruoy en temps & lieu à ta munition,
Fais toy cherir de ceux de ta protection.
Qui nonchalant n'a soin en son camp de vitaille
Il est vaincu sans fer, sans effort, sans bataille.
Fais guarir le malade & penser le blessé:
Fais bien loin de ta poudre & four & feu dressé:
Afin de n'infecter l'air des gens la contree,
Ne soit dedans ton camp beste morte enterree,
Le temps par le trauail s'abelit au conflit
Le camp par la paresse peu à peu se perit.
Peu de forts & vaillans sont veus de la nature,
L'industrie les fait par bonne nourriture,
Encourage au logis l'homme par peine & peur:
Mais la paye & l'espoir au camp luy donne cœur,
Ton embusche plustost soit sentie que veuë,
L'arrest de ton conseil tout soudain s'effectue.
Pour trouuer en ton camp l'espion furetier,
Commande que chacun se trouue en son quartier.
L'ennemy bien souuent enuoye des trompettes
Pour tromper, pensez y sous ombre de requeste,
Gaigne de l'ennemy le soldat corrompu
La mort n'estonne tant que le soldat rendu.
Garde le droit des gens en droit de l'Ambassade
Trauaille l'ennemy d'embuche & camisades.
Deffaits ton ennemy de froid, de chaud, de faim:
En gaignant au combat il y a perte ou gain.
La meilleure entreprinse en la guerre on repute
Celle qui ne le sçait que quant on l'execute.

Comment, & en quelle maniere il faut cõdui-
re vne armee, & la placer en champ de bataille, & comment il faut assaillir &
defendre contre son ennemy.

IOVRNEE OV BATAILLE,
DEVIS III.

Encourage & harangue, & promet des Lauriers,
Au iour sacré à Mars à tes soldats guerriers,
  Verse leur dans le sein la rage & la colere,
  Pour prodiger leur vie en batant l'aduersaire:
Par vn ost messager de ton iuste courroux,
Semons ton ennemy de propos & de coups.
  Mesure sans mespris les hostiles cohortes,
  Et si tu en as moins sains qu'elles soient plus fortes,
Puis despitant la mort que ton camp belliqueur,
Assaille le premier & demeure vainqueur,
  Ce n'est au general de sortir en personne,
  Pour cranter le defi de Mars & de Bellonne.
Si tu es le plus fort, approche, serre & ioints.
Si tu ne les soustiens en restant de loin,
  S'il se peut tout d'vn choq de force forcenee,
  Emporte la victoire & pris de la iournee.
Ne hazarde au combat ton ost exercité
Sans vn grand aduantage ou grand necessité,
  Bonne garde, bon ordre, au combat aduantage
  Guarantissent d'affront, de trouble & de dômage.
Moindre que l'ennemy tiens l'ordre que tu peux
Esgal renge tes gens comme luy si tu veux.
  Et aye pour le moins armes pareille aux siennes,
  Si doncques en tes mains ne t'agreent les tiennes.
Tiens des hommes sans peur en ordre au premier rang,
Mets les riches au dos, & les sages au flanc.
  En lieu fort & ouuert place l'infanterie,
  Et en camp large & plat tien la Cauallerie.
Au milieu de ton camp affranchy de perils
Ceux qui ne sont encor, comme il faut aguerris,

Quand l'auangarde en main douteusemét trauail_
Renuerse l'escadron au fort de la bataille. (le
Laisse les chariots & bagage derrier'
Mais couure les d'vn ost s'il y a du danger,
Le dos des bataillons, soit le lieu de retraite
A tes enfans perdus, quand ils auront fait teste,
Comme vn relais à part tien vn ost fort & prompt,
Pour secourir l'endroit qui plus foible se rompt.
Il te faut quelquefois pour ton bien faire, ou faindre
Ce que ton ennemy pretend de te contraindre.
Soustiens des fantasins les Caualiers branlans
Soustiens des Caualiers tes fantasins tremblans.
Quand l'escadron fait large, il desire retraite,
Mais quand il se resserre au combat il s'apreste,
Mesnage la valeur des plus braues soldats:
Laisse reprendre haleine aux ieunes qui sont las.
Temporisant le temps ne perds l'heure presente,
Et prens l'occasion lors qu'elle se presente,
N'adiourne le conflit comme desespere,
Ne combats si ton ost n'en est delibere.
Estonne l'ennemy du bruit de canonnades
Tue de coutelas, meurtry d'arquebusades.
Quand tu vas à la charge affute tes canons
Retirez aux costez de tes peuples scadrons.
Il vaut mieux se garder de la balle ennemie
Que d'offencer autruy de ton artillerie.
C'est le nombre plus grand des combattans sans peur,
L'assiette & l'ordre aussi que font le chef vainqueur,
Auant qu'a ton meschef l'artillerie ioüe
Gaigne-la le plustost si tu peux & l'encloüe.
Sois courtois, sois humain sur tout aux apprentis,
Fais en te hazardant que tous soyent guarantis.
Quand le chef porte au front la hardiesse painte,
La honte & le deuoir oste au soldat la crainte.

Souftiens fans demarcher l'ennemie fureur.

Pluftoft qu'en affaillant, douteux faire vn erreur.

  Diffimule ta peur & cache ta trifteffe,

  Quand tu ne peux par force, aide toy de fineffe.

Mais vainq quoy qu'il en foit iamais vainqueur ne

Et le vol, & la force à la victoire fert.   (pert)

  Ie n'eftime pas moins vne fepercherie

  Que l'affront courageux d'honnefte brauerie.

Au conflit la vertu vaut mieux qu'occafion

Vertu vaut mieux que force & que confufion.

Fauorisé de l'heur du temps, & de la place,

Donne à ton ennemy, ou la mort, ou la chaffe.

  En lieu auantageux place tes bataillons

  Laiffe à ton ennemy le Soleil, les vallons.

Laiffe luy vent au front, & aux yeux les poudrieres

Que l'eau, la terre & l'air luy demeurent contraires

  Mene moy ton guerrier fretillant aux combats

  Qui braue fe promet la palme ou le treffpas.

Et qu'il tire au cheual furieux, & defmonte

Le gendarme atterré pour l'auoir à bon conte.

  Fait moindre le danger en commandant qu'il n'eft

  Ne prodigue pourtant le fang de tes fubiets.

Vne armee s'affeure en chofe inopinee,

Et d'vn cas ordinaire elle n'eft eftonnee.

  Or pour le mauuais temps ne perds occafions

  D'employer aux exploits les fieres legions.

C'eft fort peu d'attaquer, fouftenir, & deffendre

C'eft plus de mettre en routte, & cotraindre à fe redre

  Iufque pres de la nuict diffaire le combat

  Si tu n'es affez fort, & fauue ton foldat.

Sur le point du conflit ne faut fonner retraite,

Que pour deffaire autruy ne caufes ta deffaite.

  Mais ne combats de nuict, car tel coüarderoit,

  Qui de iour, vergongneux, ne fe debanderoit.

Ioint, deffaits peu à peu tous ceux qui se desbandent,
Afin que ralliez plus forts ne se deffendent.
On se pare bien mieux d'vn seul que non de tous:
Sois tousiours le premier à la teste, & aux coups.
   Si tu fais quelque perte asseuré de victoire,
   L'arriere garde anime à la fameuse gloire:
Qui sans discretion poursuit vn camp fuyart,
Il expose souuent sa victoire au hazard.
   Fais place à l'ennemy qui marchande à la suitte,
   Et trop loing ny trop tard, apres ne fais poursuitte.
Fais tousiours bonne guerre à celuy qui se rend,
Que ton effort reiglé soit de ton nom guarand.
   Sois vaillant, non cruel, vse de la victoire,
   Par beaux faits & bien faits eternise ta gloire.

Comme il faut conduire en se retirant du
champ de bataille, & vser belles stratagesmes pour master son ennemy.

Camp marchant en retraite.

DEVIS IIII.

A Vant que leuer garde, auant que desloger,
Faits bien loin descouurir s'il y à du danger.
Sois tousiours en ceruelle, & tes falanges prestes,
Tien moy de main en main escoutes & vedettes,
Ayde des espions subits & cauteleux,
Et des auant-coureurs finement valeureux.
   Ceux qui te seruiront vn iour en auant garde
   Tu les rechangeras, l'autre en arriere garde.
Fais marcher la bataille en ordre entre les deux,
Sous les drapeaux cognus des soldats valeureux.
   Les gens disciplinez entendent la trompette
   Qui sonne boute selle, alarme, alte & retraite.

En cognoissant au bruit des tabourins tonnans
La diane, la garde, à l'enseigne, ou aux champs.
En parlant, en marchant monstre toy reuerable
Pour estre à tes guerriers vn patron imitable.
N'vse d'hostilité, pratique le respect
Sur le pays voisin qui ne t'est point suspect,
Ne destruis tout le viure ou faut que tu retournes,
Recognois bien les lieux ou c'est que tu seiournes.
Deffens pour plus durer le delit, le degat
Te souuienne tousiours de ton premier estat.
Charge de viure assez, & non trop de bagage,
L'vn aide, l'autre tarde au besoin le voyage.
Si tu es inuesti, resous toy valeureux
De vaincre ou d'eschaper vn pas si desastreux,
Et vaillant & veillant ne pose point le glaiue
Sous vn offre fourré d'vne trompeuse trefue.
Et deffens de traiter de composition
Ou bien de minuter Capitulation.
Si tu cognois par fois que ton aduis s'esuente,
Il faut que ton conseil vn autre aduis inuente,
Si l'ennemy plus fort t'auoisine & te suit,
De nuict faut desloger sans desordre & sans bruit,
Mais fains aussi que c'est pour chercher aduantage,
Afin que tes soldats ne perdent le courage:
Sur ta garde au logis diffère ton depart
Pour matter l'ennemy t'espionnant trop tard.
Celuy qui est plus foible ait vn recours derriere
Ou de bois, ou de monts, de ville, ou de riuiere:
Arrange Caualiers au dos, ou sur les flans,
Pour celer la retraite ou depart de tes gens.
Que la necessité d'inuention maistresse
Te conseille au besoin quand le danger te presse.
Dernier faits la retraite en ordre & à propos,
Sois au besoin au front, aux ailes, & au dos.

Lent ne ruine l'heur des heures bien heurées:
Haste & conduit le fort des fautes rencontrées.
    Fais passer le gougeart, & bagage deuant,
    Et ne laisse personne à l'ennemy suiuant.
    Sous terre quite ou gate artillerie & viures,
    Prefere ton salut aux viures, & aux cuiures.
Fais mine de forcer le trou baricadé:
Et fais donner ailleurs sur le camp desbandé.
    Tu fains de retourner, & tout à l'improuiste
    Passe ailleurs sur le ventre à quiconque resiste.
Ne te decontenance, ains resous s'il le faut
    'enfoncer les vallons, ou de gaigner le haut,
    En annullant rusé, & si tu peux surpasse:
    Fais perdre à l'ennemy, chemin, aduis & trace.
i tu ne trouue point, ny batteaux, ny cheuaux,
ssaye de gagner la riuiere en canaux.
    Brise les ponts passez, enfonce ou brise naues
    Pour refaire tes yeux par trop harassez, sanues.
acilite le pas des lieux les plus fascheux
    temps inesperé contraire & orageux.
    Ou afin d'amuser l'aduersaire au pillage
    Pour mieux diligenter quitte part du bagage.
euançant l'ennemy gaigne deserts ou bois,
arre moy les chemins, retranche les destroits.
    Apres Dieu ie ne sçache en vn danger extresme
    Qu'vn effort indompté, ou vn beau stratageme.
Fais separer tes gens, party en osts diuers,
Pour estre aux redez-vous d'ombre ou de bois couuers.
    Tient l'ordre qui promet le desordre & la route.
    Qu'en ta retraite encor l'ennemy ne redoute
Fais couler en ton camp le nom d'vn lieu certain.
Pour te remettre sus & rallier soudain.
    Fais vn croissant de feux my-cernant l'exercite,
    Et puis doublant le pas, gaigne temps & guarite.

Ie n'aime point l'excez, mais pour sauuer mes gens
I'arresterois au feu mes ennemis suiuans.   (geance)
La guerre aussi bien n'est qu'vn dur fleau de ven-
Que Dieu par nous sur nous execute & auance.

Pour enseigner de quelle façon, & auec quelles amonitions il faut assieger villes, chasteaux, & forts, & comment il faut parler aux habitans, les sommer &
contraindre se rendre.

SIEGE DE VILLE.
DEVIS V.

ON renge toute ville en sa deuotion
Par assaut par surprinse, ou composition.
Mais retiens qu'en l'assaut d'vne aspre basterie,
Il y a force seule, ou force & industrie.
Necessité dedans, empeschement dehors,
Presse de composer, & rendre ville & forts,
Surprenant vne ville asseure toy des portes,
Auant que de lancer plus auant tes cohortes.
Feint d'auoir entreprins ruse sur autres lieux:
Gauchissant tout à coup broche & donne ou tu veux,
Sçache auant qu'assieger si la ville est bastable
Si de nature forte, ou d'art sortifiable
Esuente si dedans il y a factions,
Et si suffisamment y a munitions.
Et si elle peut estre aisément secouruë
Pour y faire passer victuaille & recreuë:
Apprens quelle est l'humeur du corps des habitans,
Quel ordre, quels soldats, y commandent dedans.
Recognois les fossez, le flanc & la courtine
Si franche d'escallade, ou de sappe ou de mine.

Si elle se prepare aux inconueniens   (temps.
Qu'vn fascheux siege apporte aux enfermez long
    N'espargne biés, douceurs, ruses fraudes subtiles.
    Pourgaigner artisans & pour entrer aux villes.
Remonstre le repos, & le doux traitement
Qu'eurent les Citadins sous ton gouuernement.
    Que les veux affranchir du ioug de tirannie,
    Que veux sauuer, garder, & leurs biés & leur vie,
Pratique vne reuolte, ou trouble, ou trahisons:
Surprens chasteaux voisins, & mets en garnison.
    Presse les assiegez, par desy, par amorces
    De sortir pour master & affoiblir leurs forces.
    La guerre on fait à l'œil, & quelquesfois le temps
    Veut par necessité qu'on ne les tire aux champs.
Trauonne bien le gest de ton artillerie
Trauerse s'il le faut en croix tabasterie.
    Blocque soudainement barriere & ravelins:
    Retiens le cours des eaux & le tour des moulins,
Maistrise à l'enuiron toutes les aduenues,
Et empesche ou saisit les maisons retenues.
    N'assiege ville ou forts que ne puisse gaigner:
    Celle faute feroit les autres obstiner.
Car qui est rebuté n'ose plus entreprendre
Contre cil qui se sçait remparer & deffendre.
    Qui a peu soustenir vn assaut rigoureux,
    Il s'appreste au second plus fort & vigoureux:
Donc du premier abord fais que ta vaillantise
Effraye l'assiegé pris en ton entreprise.
    Faits approche en silence au voile de la nuict,
    Pendant qu'en autre endroit se fait desordre &
Et puis qu'au poinct du iour que tõ artillerie(bruit)
Vomisse la terreur d'vne autre basterie.
    La courtine esbrechee, & les forts emportez,
    Pousse moy les soldats à l'assaut enhortez,

Tes criminels laschez, porteront la sacine
Ou l'eschelle ou le pont premier à la courtine,
  Que l'assaut que l'effort soit si fort vehement,
  Que l'assiegé soit pris dans son retranchement.
Que quelques fantassins quittent les porteries,
Et soustiennent cachez, le danger des sorties.
  Et fais encor monter quelques gens à cheval
  Pour empescher à l'erte, & fourbe, & sort imal.
Loin de la bresche soit la trace de la mine,
Afin que son effet ton soldat ne ruine.
  Aduise bien aussi de n'y mettre le feu:
  Que canons pour l'assaut ne commencent leur ieu.
Plante sur le rempart ton enseigne honorable,
Et chasse l'ennemy qui le ceint lamentable.
  Et si tu as promis aux soldats les butins,
  Au moins garde la vie aux pauures citadins,
Il ne faut point de sang barbarement se paistre
On peut bien seruir Dieu sans desplaire à son maistre
  Ne prophane l'autel, garde enfans & vieillars:
  Et ne lasche la bride à tes vainqueurs soldars.
Quand tu auras de force emporté quelques villes,
Soigneux garde l'honneur des femmes & des filles,
  On oublie les morts, mais tousiours dans le cœur,
  Reste le souuenir de reuenger l'honneur.
Il est bon quelquefois de raser citadelles,
Et de demanteler villes qui sont rebelles.
  S'il faut pour t'asseurer chasser les habitans
  Donne leur diuersez, ailleurs, maison & champs:
Ou bastis citadelle ou retiens des hostages,
Et fleschis dextrement à ton gré leurs courages.
  Du fort force le bien demeure à tous esgal
  De celuy qui se rend tout est au general.
O donne promptement que la bresche on rempare,
Guarantis la cité d'vne fureur barbare,

Ne vueilles ruiner la ville & les bourgeois
Traine les doucement sous le ioug de tes loix,
Le temple au scelerat ne seruira d'asille
Le rigoureux puny chasse-le de la ville.

Quel vn gouuerneur doit estre, & quel soin il
doit auoir pour entretenir ses habitans auec
amour & bien veillance, semblablement
des preparatifs qu'il doit faire tant en
la ville que dehors attendant
courageusement son
ennemy.

Garde & deffence des villes.

DEVIS VI.

Pour deffédre vne ville, il faut qu'vn gouuerneur
Soit, expert inuentif vigilant & sans peur,
Qu'il sçache bien parler, qu'il sçache bien entendre
Soit pour encourager ou reprendre ou apprendre.
Tout plain de maiesté, d'asseurance, & d'honneur,
Qu'il sache detremper la rigueur en douceur.
Que son authorité soit reueree & crainte
Du soldat, du bourgeois à tout prests sans contrain-
Qu'il se fie à son œil du tresor des deniers,   (te,
Des murs, des magazins, des poudres, des greniers.
Qu'il change sentinelle & qu'il face la ronde,
Qu'il pense en tout de tout, il faut seul qu'il respóde
Que la ville soit forte, ou de nature ou d'art,
Pour ne mettre sa vie au tablier de hazart.
Celuy qui se fait battre en place non tenable,
Il est perfide à soy, prins il est punissable.
C'... qu'on biauoque obeissant au Roy.

Il prouue commandé son courage & sa foy.
Si ce n'est contre Dieu qu'il obeist au Prince
En se perdant soy mesme il sert en sa prouince.
La ville sur rocher en plaine, ou en marests,
Varie pour sa garde & secrets & apprests.
En marests il faudra diguer l'eau deriuee
Pour reculer le camp de la terre abreuee.
Le fossé sur rocher c'est arrous des eaux
Contre la contr'escarpe il faut murer canaux.
Ou si la forteresse est pour battre en courtines
Hausse de caualiers, creuse de trauersines.
Ainsi le tertre plain de tes puissans rempars
Pres à pres trauersez, couurira tes soldats.
Si le canon en front commande à ta muraille
Fais ton retrenchement en façons de tenaille.
Iusqu'au lieu plus commode au siege que tu crains
De ta place basti des chemins souterrains.
Le feu qui suit l'amorce ou tu le veux conduire,
Pour touër, estonner, assommer & destruire:
S'il n'est besoin aussi ne rase les fauxbourgs
Pour y faire le mesme à bouter quelques fours.
De charongne enterree infecte moy les plaines
Empunaise les puits, corrompt l'eau des fontaines,
Gazonne, couure toy, deffend ton bouleuert,
Garde la contr'escarpe & le chemin couuert.
Durant que le canon aboye la courtine,
Décombre le fossé, nettoyé de ruine.
Mesnage des soldats la valeur & la vie:
Sans euident profit ne fais iamais sortie.
Si ton mur esbreché est du canon battu
Que pour vn mur battu te ne sois abatu,
Ne perds le iugement, renge l'infanterie
Sauuee du canon pres de la batterie.
Fais quitter aux guerriers la lance & les cheuaux

Pour estre pique au poing des premiers à l'assaut,
Borde d'arquebusiers le flanc de la trenchee
Pour debatre à couuert la breche reuenchee.
　Ou il faut au besoin des extresmes dangers
　Bander en resistant & l'esprit & les nerfs.
A ton retranchement il faut que tu trauailles
Auant que le canon ait rasé les murailles.
　Mais en te retrenchant fais vn contre-rempart,
　Et tant ce que permet le lieu, le temps & l'art.
Chasse la hotte au dos, & femmes & pucelles
Pour contre-montagner les deffences nouuelles.
　Pour donner temps aux tiens de respirer vn peu
　Bouche la batterie & de bois & de feu.
Et iette cercles, cloux, trompes, boulets, grenades:
L'œil & l'esprit partout te garde d'escalade.
　Que soldats my-meslez, à tes bourgeois accords
　Recognoissent les murs aux lieux qu'ils sont moins
En la guerre il y a beaucoup de stratagesmes　(forts.
Quele peril aprend au poinct des perils mesmes
　Il faut plus d'vn chef-d'œuure à faire vn bõ gu er-
　Et la belle pratique enseigne le mestier.　(rier:
Le maistre est aprentif le traua.l & l'ouurage
Annoblissent l'ouurier, l'art & l'aprentissage.

FIN.

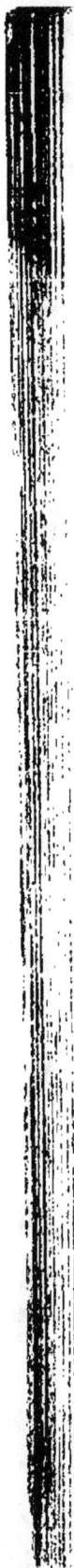

TRAITE'

OV INSTRVCTION
POVR TIRER DES
ARMES, DE L'EXCELLENT
Scrimeur Hyeronime
Caluacabo, Bo-
lognois.

Auec vn discours pour tirer de l'espee seule, fait
par le deffunt Patenostrier de Rome.

Traduit d'Italien en François par le Sei-
gneur de Villamont, Cheualier de l'ordre
de Hierusalem, & Gentil-homme
de la chambre du Roy.

A ROVEN,

Chez Claude le Villain, Libraire & Relieur
du Roy, demeurant à la ruë du Bec,
à la bonne Renommee.

1 6 0 9.

A MONSEIGNEVR,

MONSEIGNEVR LE COMTE
de Briſſac, Mareſchal
de France.

MONSEIGNEVR,
Ie n'entreprens rediger en
art, ce qu'en tant de reuo-
lutions de ſiecles, lon a te-
nu ſi enueloppé, que nul
n'en a eu la cognoiſſance pour y aſſeoir
quelque iugement, ſinon par vn long
exercice, & pratique. Toutesfois ayant
donné mes meilleures & plus gaillardes
annees aux exercices plus requis à ma pro-
feßion, i'ay tant aßeté le feu Sieur Hie-
ronime, qu'il s'eſt trouué peu d'eſcoliers de
mon temps qui luy ait eſté plus redeuable
de ſon ſoin que moy: Qui outre l'exercice
ordinaire, commun auec tous les gentils
hommes, m'a communiqué ſes plus parti-
culiers & ſecrets deſſeins, leſquels fuſſent
ſortis à effet, au grand contentement de la

Noblesse, si la mort ne s'y fuſt oppoſee.
Maintenant ayant par vn office pieux enuers ſon intention, & par l'affection que
i'ay au bien de la France, proieté de mettre
ſa preſenté à effet, i'emprunte la faueur de
voſtre nom, tãt illuſtré par toute la Chre-
ſtienté d'vne longue ſuite de perſonnages
auſquels les armes doiuent leur reſtabliſ-
ſement, tant pour l'art, que la diſcipline.
Ce traité que ie vous offre, ou à la France par vous, en eſtant comme vne partie,
ne veut, ne peut, & ne doit eſtre retranché
de tant de belles conſtitutions qui ont eu
leur origine de vos prudences, experien-
ces, courages, & bonnes fortunes en toutes
entrepriſes. C'eſt par vous (Monſeigneur)
que i'eſpere donc meriter quelque bon gré
& faueur enuers ceux qui voudront
s'aider de la peine laborieuſe du feu Sieur
Hyeronime, qui peut ſe renouueller par
vous, ſi vous l'auez autant agreable, que
auec tres-humble & fidelle affection, il
vous eſt preſenté par celuy que vos vertus
ont acquis pour eſtre à perpetuité,

Voſtre tres-humble ſeruiteur,
DE VILLAMONT.

Interpretation de quelques mots qui font en ce Liure,

PAffegiant, fignifie fe remuer toufiours, fans toutesfois varier d'intention, fi l'occafion ne s'y prefente.

Voltant pour proprement parler s'entend aller ou tourner vers la partie affignee laquelle tu veux offencer.

Paffagier, s'entend fe pourmener ou remuer d'vn lieu à l'autre.

Si on parle de donner de feconde, tierce, ou quarte, c'eft à dire vne eftocade.

Botte, fignifie vne eftocade, ou vne touche.

Inganner, fignifie tromper ou deceuoir fon ennemy.

Cauer, vaut autant à dire, comme feindre vouloir donner au haut, & porter au bas, ou feindre donner au bas, & porter au haut, ou bien donner par deffous les armes.

Pied ferme, fignifie donner vne eftocade de longueur fans paffer.

Chiamate, s'entend appeller ou fe defcouurir vne partie du corps, pour inciter l'ennemy à tirer, afin que contre luy on execute ce que lon defire.

Rifpote, eft à dire l'eftocade que l'ennemy tire à celuy, qui a tiré premierement, ou bien vn coup de

taille, ou eſtramaçon ainſi que lon voudra le prendre.

Droite ligne, eſt quand on pourſuit l'ennemy,
ſans voltiger ni remuer d'aucune part.

Quand on parle de retourner en premiere, ſeconde, tierce, ou quarte, c'eſt à dire en garde.

Laiſſer, ou laiſſant le pied, ſignifie apporter le
pied qui eſt deuant en arriere.

Bande, eſt à dire coſté.

Volter vne pointe, ſe prend pour eſtocade.

Schyner, ou eſchiffemẽt, s'entend volter le corps,
pour donner paſſage à l'eſtocade que l'ennemy tire.
Volter de main droite ſignifie donner de taillant.

Mains droites rondes, & reuerds ronds, ſignifient
fraper de reuers & de taille, ſans mouuoir la main
du lieu où elle ſe trouuera, ſinon en la tournant.

Eſſalſer eſt promptement eſquiuer du corps, &
laiſſer couler l'eſtocade au long du corps ſans l'offencer.

Tailler l'eſpee, eſt battre l'eſpee d e l'ennemy aue
la ſienne.

Quelquefois quand on dit tirer vne eſtocade au
viſage il s'entend de feinte, & en celail fant auoir
ingement en liſant l'article.

TRAITÉ
ET INSTRVCTION POVR
TIRER DES ARMES, DE
l'excellent Scrimeur Hyeronime Caluacabo Bo-
lognois.

*Les quatre gardes principales de l'espee
seule, & espee & pognal.*

LA premiere garde est
quand on tient le bras
plus haut que l'espaule.
La seconde, sera quand
la main se trouue à la
mesme hauteur de l'espaule. La trois-
iéme est, quand le bras est vn peu
auancé au deuãt du genoüil. La quarte, sera en tenant l'espee & pognal du
costé gauche.

Contregardes aux susdits.

La contregarde de la premiere sus-
dite, sera la quatriéme garde. La con-

tregarde de la feconde fera la mefme.
La contregarde de la tierce, fera pareillement la mefme en paffegiand,
hors l'efpée ennemie. La contregarde de la quatriéme, fera la feconde,
ou la tierce, voltant du cofté du pognal de l'ennemy. La contregarde du
pied gauche fera la feconde & la tierce, tournant toufiours du cofté du pognal de l'ennemy, en tenant ton pognal voifin à la garde de ton efpee.

Sçauoir en quoy noftre corps peut operer.

Noftre corps eft party en deux parties, dont l'vne agift pour offencer,
l'autre pour fe deffendre. La partie
droite feruira pour offence, & la gauche pour deffenfe.

Aduertiffemét qui fe doit garder en voyät
l'efpee, pognal, & pied de l'ennemy.

Si tu vois le pied de ton ennemi ferr-
ré, ce fera pour t'offencer. S'il eft large, ce fera pour attendre.

Sçauoir quel eft le parer plus parfait.

Le parer plus parfait, eft quand tu
pareras auec l'efpee. Le parer du pognal fera pour fecourir celuy de ton
efpee. Le parer de l'efpee s'entend de

la moitié d'icelle iusques aux gardes.
Le parer du pognal s'obseruera auec
le foible de l'espee de l'ennemy,
quand il te tirera de pointe.

Regle pour entendre quel est le droit, ou
faux fil de l'espee.

Le droit fil de l'espee est celuy qui
offence, & le faux fil celuy qui pare.

Quatre manieres de passegier.

Le premier passegier se fait hors l'espee de ton ennemy. Le second se fera
du costé de son pognal. Le tiers sera
serrant le pas, & mesme aussi de droite ligne. Le quatriéme sera passe-
giand vn petit deuant l'autre, t'aduertissant qu'en passegiant, il faut que le
pied gauche se mouue le premier.

Pour sçauoir qu'elle chose est temps.

Temps d'espee, temps de pognal, &
temps de pied sont ceux que lon peut
prendre, estant en mesure, lors que
lon veut offencer son ennemy.

Quelle chose est de mesure & hors-mesure.

La mesure s'entend quand l'vn peut
arriuer à l'autre d'vne estocade. Hors
de mesure s'entendra quand l'vn l'autre ne se peuuent atteindre.

Que c'est le fort & le foible de l'espee.

Le fort fera pour deffence, depuis
la moitié en arriere, & le foible pour
offence depuis la pointe iufqu'au milieu.

Pour entendre quand tu feras en garde
auec auantage.

L'auantage fera quand tu auras la
pointe de l'efpee, droit à l'efpaule de
l'ennemy, & que fon efpee ne te regarde point, voltant toutefois en quatriéme garde, du cofté droit dudit
ennemy, ayant ton pognal proche à la
garde de ton efpee.

Pour fçauoir quelle garde eft plus parfaite
pour offence & pour deffence.

Les gardes hautes de premiere, de feconde, & de tierce, feront pour affaillir de feinte ou autrement, & la quarte garde fera pour attendre.

Pour entendre comme il faut affaillir
pour le meilleur.

Quand tu voudras affaillir l'ennemy, il faut férir la partie plus voifine,
en attendant fa rifpote. Dauantage, le
voulant affaillir, tu te mettras en quatriéme garde, puis paffant du pied

gauche, luy tireras vne eſtocade droit
au viſage, & te remettras promptement en ſeconde garde, afin qu'en
contrepaſſant du pied droit, tu luy
puiſſes donner vne eſtocade pour retourner en quarte garde, où attendant
ſa riſpote, & là venant à te tirer, tu la
pareras de ton eſpee en paſſant le pied
gauche à ſa droite partie, te ſecourant
de ton pognal contre l'eſpee de l'ennemy, afin de luy porter vne ſeconde:
Et s'il ne te tire, tu pourras commencer les bottes ſuſdites.

Contre ceux qui vſent de feintes.

A ce que tu entendes quelles choſes
ſont contraires à ceux qui vſent de
feintes pour inganner ou tróper ſon
ennemy, tu leur feras ceci: tu pareras
feintement du pognal où de l'eſpee,
pour luy donner occaſion de cauer, &
lors qu'il cauera, tu luy pourras dóner
de pied ferme, ou de paſſade. Tu luy
feras encor ceci, quád il fera la feinte
eſtant en meſure, c'eſt que tu luy tireras vne eſtocade reſoluë dãs le corps,
au meſme téps que tu luy verras faire
la feinte, voltát de la partie de ſon po-

gnal, en luy faisant vne chiamatte, qui
est à dire l'appeller & attendre qu'il
te tire, pour luy donner vne rispote.
Tu luy peux faire encor ceci pendāt
qu'il te fera la feinte, qui est de parer
auec ton espee la sienne en le frappant
de deux temps, attendant tousiours la
responce apres l'auoir frappé.

Contre ceux qui tirent de pied ferme.

Il faut tenir l'espee & le pognal en
garde haute, & que la pointe de l'espee regarde droit la face de l'ennemy,
luy descouurāt vn peu ton corps pour
qu'il aye occasion de tirer, lequel te
venant à pousser vne estocade, la pareras de tō pognal au dessous de l'espee,
luy en dōnāt à mesme téps vne au visage, ou bien à l'estomach, courbāt le
corps en le frappāt. Pourras encor luy
faire ceci estant sur la mesme garde,
pendāt qu'il te tirera, qui est de parer
son corps auec ton pognal, en luy portant vn grand estramaçon sur le bras
droit. Ainsi tu peux luy tailler ou batre son espee en passant le pied gauche
vers son costé droit, te secourant de tō
pognal pour le toucher d'vne secōde.

Contre ceux qui tirent les premiers, &
puis se retirent.

Il faut parer son estocade auec l'espee ou le pognal, puis passant du pied
gauche, faut le suiure de droite ligne
pour le mettre en desordre, le mena-
çant tousiours de le fraper, iusqu'à ce
que tu voyes qu'il soit descouuert, qui
sera alors que tu l'offenceras, & te remettras promptement en seconde
pour y aspecter sa rispote.

Contre ceux qui ne veulent iamais tirer.

Il faut ferir la partie plus voisine re-
tournât en seconde, ou bien en quarte
garde pour y attendre la rispote de
l'ennemy, lequel venant à te tirer, tu
rendras le party qu'il te semblera le
meilleur & plus commode le pouuât
offecer de taille aussi bié que de poîte

Contre ceux qui parent de l'espee ou du
pognal.

Pour descouurir commét ils parét, il
faut leur tirer vne botte ètre les armes
our les côtraindre de parer auec l'espee ou le pognal. S'ils parét auec l'es-
ee tu caueras de tierce pour le tou-
her à sa droite partie. Pourras encor
cauer l'espee par sur la pointe de ce

qui pare en allant en seconde, puis paſſant du pied gauche, & te ſecourant du pognal luy porteras vne eſtocade de ſeconde. Pourras auſsi, pendant qu'il parera, luy pouſſer vne tierce en auançant le pied gauche, te ſecourant touſiours de tõ pognal. S'il pare auec ſon pognal, pourras cauer ſur la pointe dudit pognal, luy tranſperçant l'eſpaule gauche, ou le marquant viuement au viſage : puis te mettant en tierce garde, & tenant ton pognal voiſin à la droite partie de ton eſpee, tu attendras la riſpote de l'ennemy.

Contre ceux qui laiſſent le pied.

Il faut monſtrer paſſer d'vn pas, à ce qu'il aye occaſion de laiſſer le pied, auquel temps caueras promptement ton eſpee ſur ſon pognal en allant en ſeconde, puis attendant la riſpote de l'ennemy, tu le feriras en l'eſpaule gauche, ou au viſage en allant en ſeconde.

Contre ceux qui donnent l'eſpee à battre

Eſt neceſſaire faire ſemblant de battre leur eſpee auec ton pognal pour qu'il aye occaſion de la cauer, & la ca-

uant, luy donneras au mefme temps
vne eftocade de pied ferme , ou pafferas en parant de ton pognal. Feindras
auffi de vouloir battre fon efpee de
ton pognal pour qui la retire en arriere, auquel téps feras feinte de fraper pour qu'il pare auec fon pognal,
qui fera alorsque caueras fur la pointe de fon pognal en luy plongeant vne
eftocade en la partie feneftre, ou bien
dedans le corps , où à la face. Encor
pourras-tu feindre battre fon efpee
auec tó pognal pour voir s'il la mou-
uera de fon lieu, ce que ne faifant, tu
la battras alors en l'eftocadát de pied
ferme, ou de paffer. Pourras encor faire aparoir à l'ennemy auoir intentió
de battre fon efpee auec la tiéne pour
l'inciter au cauement, où à la retirer:
s'il fe prepare pour cauer, tu pareras
auec l'efpee en paffant le pied gauche
du cofté droit de l'ennemy, te fecourant de ton pognal en te mettant en
feconde pour offencer la partie plus
voifine dudit ennemy : S'il retire fon
efpee en arriere, tu le menaceras d'v-
ne eftocade dás le corps, afin de le có-

traindre de la parer de son pognal, ce
que faisant, tu luy donneras la botte
dessus le pognal, voltât de la bande de
son pognal en allant en seconde, & tenant ton pognal voisin à ton espee, tu
luy descouuriras le costé gauche attendant sa rispote.

Contre ceux qui tiennent le pognal fort
auancé, & l'espee en arriere.

Il faut te mettre en seconde ou en
tierce, tenant ton pognal proche à la
garde de ton espee, ou au bras droit,
voltant du costé du pognal de l'ennemy, commençant tousiours à volter le
pied gauche le premier, & tenant le
droit alerte prest à ferir la partie plus
voisine, te souuenant tousiours de la
rispote que peut tirer ton ennemy, lequel te tirant de pied ferme, tu pareras de ton pognal luy donnant vne
botte de seconde à sa droite partie: Et
quand il passera, tu caueras l'espee sur
la pointe de son pognal, luy donnant
dans le corps entre les armes, parant
son estocade auec ton pognal: Pouuât
aussi luy faire feinte hors le pognal &
luy dôner vne estocade au costé sene-
stre, & autres coups en grâde quâtité,

tant de pied ferme & eſtramaçós, que
par feintes & cauemens.

Pour rompre le deſſein de l'ennemy.

Pour rompre le deſſein d'vn ennemy, il faut battre ſon eſpee ou pognal
de ton eſpee, voltant & faiſant des
Chyamates pour l'inciter à tirer le
premier, ce que faiſant tu pareras ſon
eſtocade, luy en donnant vne autre au
lieu que tu verras le plus commode.

Pour faire tirer l'ennemy où l'on voudra.

Vſeras de ceſte maniere, qui eſt de
nir tó eſpee en tierce, & tón pognal
uprés de ton bras droit, afin que l'ennemi ne puiſſe tirer fors du coſté gauche. Encor pourras-tu te camper en
uarte, & tenir ton pognal ioignant
eſpee, pour qu'il aye occaſion de ti-
ret du coſté droit. Pourras auſſi ou-
urir les armes eſtant en garde haute,
ſoit de premiere ou de ſeconde, tenant
ton pognal de la part ſeneſtre, & cet-
te garde ſera pur attendre & pour aſſaillir ton ennemy en la maniere que
tu voudras.

Contre ceux qui paſſent.

Il faut leur dóner l'eſpee haute à bat-

tre pour qu'ils ayent occasion de paffer, lesquels paffât, tu laifferas le pied
deuant fe couler en arriere, parant
leur estocade de ton pognal pour les
frapper de tierce ou de feconde. Tu
luy peux auffi volter vne pointe, ou
prendre vn contretemps auec le fort
de ton efpee en rencontrant le fuible
de celle de l'ennemy. Pourras auffi
luy tailler ou abatre fon efpee, te fecourant de ton pognal à l'efpee ennemie pour defgager la tienne, afin de
luy pouffer vne feconde. Encor peux
tu rétirer ton efpée en tierce, & ton
pognal voifin à la garde d'icelle le feriffant d'vne estocade. Outre tu peux
cauer l'efpee fur la pointe de fon pognal voltant en quarte. Tu luy tiendras encor ton efpee longue & baffe
pour qu'il batte, ce qu'auenant, tu caueras la tiéne fur fon pognal, le tirant
de feconde, prenât toutefois fon efpee
de ton pognal: Encor tu fchyueras le
corps parant fon estocade auec ton
pognal pour le toucher de tierce: Il fe
peut auffi luy bailler l'efpee entre les
deux armes pour qu'il la batte de fon

pognal, auquel temps feras vne quarte voltant le pied gauche en arrière.
Outre tu luy prefenteras ton efpee
baffe pour qu'il la batte, ce que faifant
tu laifferas le pied allant en quarte, &
parant fon coup auec ton pognal, tu
luy donneras vn grand coup en l'ef-
hine.

omme on fe doit gouuerner auec vn hô-
me contre lequel on n'a iamais tiré.

Pour fçauoir ce que ton ennemy
eut faire, donne luy l'efpee auancee
yant le corps courbé, & le pognal
oifin à ton efpee, laquelle tu luy ap-
rocheras pour voir s'il la voudra
arer de fon pognal, ou auec fon efpee
l'heure tu te gouuerneras felon ton
ugement, ayant defcouuert ce qu'il
oudra faire, mais fois auifé que s'il
are auec fon pognal, de cauer ton
fpee en luy donnant vne eftocade au
ofté gauche voltant par dehors pour
e mettre en feconde, attendant la rifpote. S'il pare de main droite auec
fon efpee, tu caueras la tienne en luy
portant vne eftocade de tierce dans
l'efpaule droite, allant en quarte gar-

de pour y attendre la refponce. Et s'il
ne veut parer auec l'efpee ny le pognal , tu pourras l'offencer à la plus
voifine partie, afin de l'inciter à te tirer: Et fi tu vois qu'il ne fe meuue, ap-
proche-toy pian , pian de luy le pas
ferré pour l'affaillir.

Côtre ceux qui tiennêt les armes ouuertes.

Il faut tenir les armes bien ferrees
allant de droite ligne entre les armes
de l'ennemi, luy tirant droit dedans le
corps , afin qu'il pare auec fon efpee
ou pognal : S'il pare auec l'efpee , tu
caueras la tiéne du cofté droit en paffant du pied gauche, fecourant ton efpee de ton pognal pour luy tirer vne
feconde: S'il pare du pognal, tu caueras l'efpee pour luy donner vne eftocade dans l'efpaule gauche en voltât
par dehors, puis te câpant en pofture
feconde, y attendras la rifpote de l'ennemy. Encor peux-tu luy faire vne
quarte du pied gauche entre les armes prenant fon efpee de ton pognal,
duquel tu luy pourras dôner vn coup
quâd tu feras proche de luy, te fouue-
nant de paffer preftement, & te remet-

cre en quarte gardepour y attendre sa
rispote.

Contre ceux qui se descouurent la droite ou senestre partie.

Le contraire est de les tirer à la partie descouuerte, t'aduertissant pourtant de ne tirer de resolution, afin que
celuy qui est descouuert aye occasion
de te tirer: Et s'il ne veut tirer tu luy
pourras fournir la botte te remettant
en garde: Si tu le frapes en lieu haut,
tu iras en seconde attendre la rispote,
t'aduertissant tousiours d'offencer la
partie qui te sera la plus proche.

Contre vn qui voltige tousiours.

Il faut le serrer fort du costé qu'il
voltige tenant tes armes bien serrees,
& ton pognal voisin à ton espee, luy
descouurant la moitié de ton corps
pour l'attirer à te tirer, Et s'il ne veut
te tirer, tu cercheras moyen de le sur-
prendre au mouuement du pied, tant
d'vne part, comme de l'autre.

Contre ceux qui se campent bas, tenans leur pognal pres de leur espee.

Pour le cõtraire, tu luy feras la botte
par sus le pognal, soit en passant, ou

de pied ferme. Pourras aussi faire vne
tierce en battant son espee de ton pognal soit de pied ferme ou en passant.
Encor peux-tu luy faire vne tierce
par sur son espee en rencontrant le
foible d'icelle auec le fort de la tienne, passant le pied gauche en auant, &
te secourant du pognal vers l'espee
ennemie. Tu luy peux aussi faire feinte entre ses armes pour l'inciter à parer du pognal, lequel parant tu caueras l'espee par dedans la pointe de son
pognal en passant du pied gauche à la
droite partie de l'ennemy, l'espee duquel tu saisiras de ton pognal l'offen-
sant de seconde. Pourras encor faire
vne feinte sur son pognal, & luy tirer
vne estocade entre les armes en passant de son costé droit, te secourant de
ton pognal vers son espee, & te remettant promptement en garde, attendant sa rispote.

La maniere d'assaillir d'estocade auec auantage.

Tu te mettras en quarte garde vol-
rant du costé de l'espee de l'ennemy,
Et estât quelque peu hors de mesure,

uy tireras droit au visage vne estocade en passant du pied gauche , puis
llant en seconde, & contrepassant en
ied droit, luy pousseras vne estocade
e toute ta force, & laisseras retour-
er ton espee en quarte garde pour y
trendre la rispôte laquelle te tirant,
u pareras auec l'espee son estocade, ou
stramaçon , te secourant de ton po-
nal contre l'espee de l'ennemy , le-
uel ne voulant te tirer , tu pourras
bousiours faire ce que i'ay dit cy des-
us Sois auisé quand tu commenceras
luy pousser vne estocade, de ne te ser-
ir point de feintes, mais va t'en tous-
ours resolu auec vne ou deux estoca-
s , estant la meilleure maniere de
ouuoir assaillir, car l'enemy ne peut
aire autre chose, que de pied ferme
auer son espee, où te faire vne quarte
u mesme temps qu'il te verra passer
u pied gauche. Ces deux bottes se
euuent faire, mais au contraire tu
es pourras parer de ton pognal, le
rissant au pareil temps qu'il te ti-
era.

Quelle garde est la plus parfaite pour attendre contre toutes les bottes qui
se peuuent faire.

La quarte garde sera la plus parfaite pour attendre contre toutes les bottes qui se peuuent tirer, t'aduertissant de parer auec ton espee le coup
que l'ennemy te tirera, puis saisissant
son espee de ton pognal, luy doneras
de grandes estocades de pallade ou de
pied ferme en voltigeant tousiours du
costé droit de l'ennemy le plus que tu
pourras, en l'attendant tousiours. Et
quand tu l'auras offencé, tu te mettras
incontinét en quarte garde, auec propos continuel d'y demeurer.

Aduertissment de tenir bien le pognal
en la main.

Sois aduerty de ne tenir iamais ton
pognal en auant, sinon quand tu verras saisir ou battre l'espee de l'ennemy, de peur que tenant ainsi ton pognal auancé, tu ne sois blessé en la
main, ou bien au bras, & aussi pour ne
donner à cognoistre ce que tu veu
faire, outre que ton corps est beaucoup plus couuert, & ton ennemy n'

pa

paſtant de ieu ni de moyen de t'offencer : Or pour tenir bien ton pognal , tu le tiendras aupres de ton eſpee peu eſloigné de la garde d'icelle,
eſtant en tierce garde , où bien en
quatre garde.

Contre ceux qui veulent couurir ton eſpee auec la leur.

Pour le contraire tu mettras ton eſpee hors la preſence de l'ennemy
meſmé garde que tu te trouueras tenant le pognal pres la garde de l'eſpee, & quand ton ennemy viendra
pour la toucher, ce luy eſt force ſortir
hors ta preſence auquel temps luy feras ces bottes. Tu te mettras en tierce,
& quand il voudra toucher ton eſpee,
tu caueras la ſienne, le feriſſant de tierce, ou paſſant le pied gauche deuát, te
ſecourant de ton pognal ſur la pointe
de ſon eſpee tu luy tireras vne pointe
de ſeconde ou de tierce en paſſant
de ſon coſté droit : Tu peux encor au
meſme temps que luy verras toucher
ſon eſpee, paſſer deuant en le frappant d'vne eſtocade ſous le coſté
droit par deſſous ſon eſpee, te ſecou-

B

rant de ton pognal. Encor fi tu eftois
en quarte garde,& qu'il vouluft toucher ton efpee, au mefme temps la
caueras par dedans, en faififfant fon
efpee de ton pognal , pour luy pouffer vne eftocade dans le corps, foit de
pied ferme ou de paffee que tu feras
du pied gauche du cofté de fon pognal. Plus tu pourras cauer l'efpee fur
la pointe de la fienne , puis te fecourant du pognal luy donner vne botte
de pied ferme entre fes armes,ou paffer fi tu veux du cofté de fon pognal.

Regle pour obferuer contre Vn qui
Veut tirer le premier d'efto-
cade ou de taille.

Sois aduerty de ne parer iamais , &
laiffer aller tous fes coups en vain,
obeiffant du corps, & du pied gauche en arriere, & quand fa botte fera
paffee,tu pourras l'offencer en la partie plus proche, fuyant la prife en
toutes manieres : Et quand bien il ne
te voudroit tirer,tu pourras toufiours
offencer (côme i'ay dit) la partie plus
voifine,attendant fa rifpote. Quâd il
te tirera , tu cercheras de le mettre en

difcorde pour le furprendre au mefme temps.

Combien de bottes fe peuuent faire fur
la garde du pied gauche.

Quand tu trouueras quelqu'vn fur
le pied gauche, tu volteras pour ton
auantage du cofté de ton pognal, &
quand tu voudras voltiger, fois aduerty de mouuoir le pied gauche le
premier tenant en tierce ton efpee,
& ton pognal voifin d'icelle, luy tirant de pied ferme vne eftocade fous
le bras. Et fi ton ennemy tient fon pognal vn peu plus bas que fon efpee, tu
luy pourras donner dans l'efpaule
gauche vne eftocade, tenant toufiours ton pognal proche de tó efpee,
afin d'eftre tout preft à la rifpote. Ceci
fera pour ieu, ou à bon efcient : Tu
pourras offencer la main de l'ennemi
de pointe, ou de taille : Si tu l'offence
de pointe, tu iras en feconde y attendre la rifpote : Si tu le frappes de taille de main droite, tu iras en quarte
garde : & fi tu le frappes d'vn reuers,
tu iras en feconde tenant ton pognal
pres de ton efpee qui fera droit

attendant fa refponce. Si la iambe de
celuy qui eft fur le pied gauche eft
auancee, tu feindras luy porter vne
eftocade au vifage, lequel allant à la
parade, luy donneras vne iartiere de
main droite à la iambe gauche allant
en quarte garde attendant la rifpote.
Ce font les bottes qui fe peuuent faire contre ceux qui fe tiennent fur le
pied gauche : mais fi quelqu'vn y
eftant vouloit paffer, tu luy prefenteras l'efpee à batre, afin qu'il paffe, &
quand il paffera, tu laifferas le pied en
luy voltant vn grand eftramaçon de
reuers par la tefte, ou par le bras, ou
bien le perceras d'vne pointe feconde, parant toufiours de ton pognal.

Combien de bottes fe peuuent faire contre
la premiere, feconde, & tier-
ce garde:

Pour le contraire tu te mettras en
quarte garde voltant du cofté droit
de l'ennemy, & tenant ton pognal du
cofté gauche, ne trop haut, ne trop
bas, te defcouurant la partie droite,
afin que l'ennemy aye occafion de
tirer le premier : S'il tire tu pareras

de ton espee en passant de son costé
droit, & saisissant son espee de ton
pognal, luy porteras vne estocade de
seconde : Et s'il vouloit cauer sadite
espee, tu la prendras facilement en
faisant la mesme passade, & luy donneras vne tierce te secourant de ton
pognal : Ceci se pourra faire quand
il voudra se mouuoir. S'il ne se mouue, tu caueras l'espee du costé droit
de la sienne, & portant ton pognal
à la rencontre, passeras en auant pour
luy tirer de tierce vn estocade. Tu
peux aussi batre son espee de la
tienne en passant le pied gauche de
son costé droit, te secourant de ton
pognal : mais si d'auenture il reti-
roit son espee, tu monstreras de le
vouloir frapper, pour qu'il aye occasion de parer auec son pognal : Et au
mesme temps qu'il passera, tu caueras
l'espee sur la pointe de son pognal,
luy donnant dans le corps, te retirant
prestement en seconde pour y attendre sa rispote. Ces bottes se peuuent
faire sur la premiere, seconde, &
tierce garde : mais quand l'espee sera

plus auancee que le pognal , tu te
mettras à ferir la gauche partie t'aduertiſſant de la riſpote , laquelle te
venant à eſtre tiree (comme le plus
ſouuent ſe fait) tu cercheras (apres
l'auoir frappé au coſté gauche) d'aller en ſeconde pour l'offencer à ſa
droite partie quand il te tirera riſpo-
tes. Se pourroient faire d'autre bottes
en grand nombre, mais pour abreger
ou pour le faire court, i'eſtime celles
ci pour les meilleures.

Comme noſtre corps doit operer pour le meilleur.

A ce que tu entendes comme noſtre
corps doit operer eſtant parti en deux
parties, deſquelles l'vne ſe fait nom-
mer la partie droite , & l'autre gauche. La plus noble des deux eſt celle
qui offence, laquelle s'appelle droite:
L'autre qui ſe dit gauche ſeruira pour
deffence , combien que pluſieurs diſent que la gauche partie aſſaut. Le
pied ſeneſtre ſera pour gagner le ter-
ren ou la meſure , & le pognal pour
vn ſecours comme deſſus i'ay dit. Et
afin que tu entendes comme s'appelle

le paſſer du dedans, c'eſt quand tu paſſeras de quarte entre les armes, ou autrement. Le paſſer du dehors eſt quád
tu paſſes hors l'eſpee de l'ennemy.

Aduertiſſement contre ceux qui veu-
lent tirer les premiers.

Il faut pour inciter ton ennemy à
tirer le premier, luy preſenter vne
commodité afin qu'il tire, ſe deſcouurant vn peu le corps, ou tenir les armes ouuertes en t'aſſeurant de ton
pognal. Tu peux te mettre auſſi en
garde bien ſerree, luy deſcouurant le
coſté gauche pour l'amorcer à te faire
la botte par ſus ton pognal, qui ſera
alors que volteras en luy portant vne
eſtocade. Encor peux-tu cauer l'eſpee
ſur ſon pognal, le touchant d'vne
tierce, pendant qu'il voudra faire la
botte ſur ton pognal. Tu peux auſſi
tirer ton pognal & ton eſpee, & la
mettre hors celle de l'ennemy pour
luy tirer vne eſtocade dans l'eſpaule
droite. Il ſe peut faire pluſieurs autres bottes contraires à ceux qui veulent faire la botte ſur le pognal.

Pour sçauoir quel est le meilleur d'at-
tendre ou d'assaillir.

L'vn & l'autre sont bós : mais ie suis
bien d'aduis que l'attendre est meilleur que l'assaillir : Et si l'homme ne
s'efforçoit quelquefois d'assaillir, il
auroit tousiours beaucoup plus d'a-
uantage d'attendre, la raison estant
telle, que qui assaut, s'incommode le
corps, & qui attend ne s'incommode
point, parlant de ceux qui sçauent
faire les gardes d'attendre. Pour mon
particulier ie voudrois feindre d'assaillir afin d'inciter l'ennemy à tirer
le premier pour que i'eusse mesure de
l'estocader ou offencer ses plus pro-
ches parties, auec intention d'attendre sa rispote, se preparant neantmoins au contraire : car autremét on
courroit grand peril de vouloir assaillir le corps de l'ennemy d'vn premier temps : Pourtant ie neconseille-
ray iamais ceci, si l'homme n'auoit
grande commodité de le faire.

IEV DE L'ESPEE ET DE
la cappe, tant de pointe com-
me de taille.

NOtte premierement de ne ietter
iamais ta cappe à l'ennemy,
que tu n'ayes affujetty fon efpee qui
t'empefche, pource qu'en luy iettant
ta cappe, il te pourroit bien offencer.
Pour que tu fçaches à quoy te peut
feruir la cappe, qui eft vn fecourir de
l'efpee, tu feras aduerty de parer
auec ton efpee toutes les eftocades
quite feront tirees, eftant en quarte
garde auec la cappe auprès la garde
de ton efpee, te fecourant toufiours
d'icelle quand il occurera pour te deffendre des eftocades qui te feront
pouffees: mais fi quelqu'vn tiroit d'e-
ftramaçon, tu pareras auffi de ton efpee, tenant ta cappe toufiours proche à la garde d'icelle, foit qu'elle foit
en tierce, ou bien en quatte garde
mefme quand tu feras fur le pied gauche: Pourtant la plus parfaite garde,
pour affaillir d'efpee & de cappe fera

B v

la tierce , & la meilleure pour attendre sera la quarte , contre toutes gardes , se descouurant le costé droit , &
voltant par dehors , afin que l'ennemy ne te puisse tirer sinon de pointe.
Si tu veux l'assaillir, tu luy tireras vne
feinte au visage pour le faire parer
de son espee:S'il pare de main droite
tu luy pourras faire ces bottes. Quãd
tu verras qu'il voudra parer auec son
espee, tu luy toucheras de tierce en
passant du pied gauche , te secourant
auec ta cappe à la garde de l'espee ennemie: Encor peux-tu faire ceci pen-
dãt qu'il parera , c'est que tu caueras
l'espee de tierce sur la sienne passant
du pied gauche,& mettãt ta cappe sur
la garde de celle de l'énemi, luy porteras vne estocade au costé droit. Pourras aussi cauer l'espee sur la pointe de
ton ennemy , & passant le pied gauche de son costé droit, le feriras d'vne
seconde: Et s'il ne veut parer , luy tireras ton estocade dans le corps, ou au
visage:S'il veut tirer au mesme temps
qu'il te verra tirer , tu luy peux tailler son espee passant à sa droite partie

te fecourant toutesfois de ta cappa fur
la garde de l'efpee ennemie. Encor
quand tu comméceras à luy tirer vne
feinte à la face, & que tu verras qu'il
vueille parer ton eftocade d'vn reuers, tu peux cauer ton efpee fous la
fienne, & mettre ta cappe fous l'efpee de l'ennemy, le feriffant d'vne
tierce en l'eftomach, en voltant par
dehors. Outre quád il voudra parer,
tu caueras ton efpee fur la pointe de
la fienne, & te fecourant de ta cappe
pafferas d'vne quarte de pied gauche
entre les armes. Il fe pourra encor luy
dóner vn reuers par la iambe, ou par
la face en paffant de fon cofté droit,
retirant ton efpee en tierce ou en feconde pour le ferir d'vne eftocade,
t'aduertiffant de tenir toufiours fon
efpee auec ta cappe. Plus quand tu
voudras l'affaillir, recorde toy de luy
tirer deux bottes: La premiere fera
vne eftocade, la feconde d'vne taille, foit au vifage, ou aux iambes:
Et quand feras de taille, fouuien-
ne toy de te retirer en arriere en
luy faifant vne chiamatte: car le

taillant l'offence mieux & luy rompt
beaucoup la meſure. Outre quand tu
l'aſſailliras recorde toy touſiours
d'offencer la partie plus proche attendant la riſpote, & ceſte-ci eſt la maniere d'aſſaillir de ſeconde ou tierce.

Pour attendre de l'eſpee & la cappe.

Quand tu voudras attendre, tu te
mettras en quarte garde tenant la cappe aupres la garde de ton eſpee pour
te deffendre de pointe & de taille. Si
l'ennemy te tire vne pointe, tu la pareras auec ton eſpee, paſſant le pied
gauche en atiant du coſté droit de
l'ennemy, te ſecourant bien promptement de ta cappe pour le toucher
d'vne ſeconde: S'il tire d'eſtramaçon,
tu pareras de ton eſpee, te ſecourant
de ta cappe, & paſſeras du coſté droit
de l'ennemy pour le frapper d'vne
ſeconde. Pourras encor quand il te
tirera de main droite, parer du droit
de ton eſpee, & paſſer le pied gauche
au coſté droit de l'ennemy pour rencontrer ſa botte, & t'aidant de ta cappe, tu pourras l'offencer de pointe, ou

d'vn taillant par le visage, ou par la
iambe: Et s'il te tiroit vn reuers en ré-
contrât ton coup, passeras le pied gauche, & t'aideras de ta cape au besoin
pour luy porter vne estocade, où bien
vn taillant à la face, ou à la iambe. S'il
te tire de reuers, pareras de reuers en
rencontrant sa botte, passant le pied
gauche en auant, & t'aidant de ta cape
luy porteras vne secóde. Ce pourroit
faire quantité de coups, mais ceux-cy
sont meilleurs pour l'espee blanche.

lieu d'estramaçons, & pour sçauoir comme
ils sont faits, leurs noms, & com-
me ils s'appellent.

Pour que tu sçaches combien d'e-
stramaçons se peuuent faire, se peut
faire vn reuers, vne main droite, &
vn estramaçon fendant, tant de droit
comme de reuers. Pourtant les you-
lant faire bien, il faut que la main
droite commence au costé droit tenant son bras en haut venant fourny
en quatriéme garde. Le reuers se commence au costé gauche, & se finit en

tierce tenant son pognal proche de
son espee: Estant fourny en taille, se
font maints droites rondes, & reuers
ronds, mais ceux cy dessus mention-
nez sont les meilleurs. Si quelqu'vn
te tiroit de main droite à la teste, tu
pareras du droit de ton espee. S'il tire de reuers, tu pareras de reuers. S'il
te tire d'vn fendant, tu pareras de l'espee & du pognal si tu en as, ou de la
cape : car l'vn ou l'autre t'aideront
grandement pour liberer ton espee
de celle de l'ennemy, afin de plus facilement l'estocader. S'il te tire de
main droite, tu pareras de ton espee
en passant le pied gauche du costé
droit de l'ennemy, te secourant de ton
pognal pour luy pousser vne estocade
ou luy dôner vn reuers par la face, ou
par la iambe, ou par le bras. Quand il
te tirera de main droite à la teste,
pourras encroiser ton pognal auec tô
espee, & aussi luy donner vne iartiere
ou bien tenir fort ton espee & ton pognal, voltant vn peu à sa droite partie
pour luy donner vne estocade dans le
corps, ou en autre lieu que tu iugeras

le plus commode. Pourras auffi parer
de ton pognal paffant le pied gauche
du cofté droit de l'ennemy, auquel tu
bailleras dans le vifage, ou dans le
corps, vne eftocade. On peut auffi (o-
beyffât du corps) laiffer aller fon coup
d'eftramaçon en vain, & au mefme
temps qu'il fera paffé à fa droite
main, tu pafferas de la mefme droite
partie le feriffant de tierce, te fecourant de ton pognal à l'efpaule de l'ennemy: Et s'il te tiroit vn reuers, tu le
pareras du reuers de ton efpee, t'aidant de ton pognal à l'efpaule ennemie en le mettant fous fon efpee, &
luy voltant vne main droite, ou vn
reuers par le vifage, tenant toufiours
tondit pognal fous fon efpee. Encor
pourras laiffer aller fa botte en vain,
là quelle eftant paffee, le pourras toucher de pied ferme, ou de paffade. Ce
font les bottes qui fe peunent faire
contre les droitiers, & contre les reuers quand ils viennent à eftre tirez
refolus.

Pour assaillir il est besoin aller de
pointe, & de taille.

Pour faire bien vn coup de taille
quand tu voudras assaillir, il te faut
commencer de pointe de seconde, ou
de tierce, pour estre les gardes les plus
parfaites pour assaillir: Te ressouuié-
ne de cecy quand tu voudras commencer ton assaut, c'est qu'il faut porter au
visage de l'ennemy vne pointe de resolution, afin qu'il ait suiet de parer:
S'il ne la pare, laisse luy aller la botte
au visage, & s'il la pare auec son pognal, tu volteras vne main droite au
bras de son pognal, ou par la teste en
t'en allant en quarte garde pour y attendre sa rispote, te retirant quelque
peu en arriere hors de mesure. Et si
l'ennemy pare auec son espee, tu luy
feras vn reuers sur son bras, ou sur sa
teste en allant en seconde, ou tierce garde attendre sa rispote. Tu
peux aussi tirer vne estocade entre ses
armes pour qu'il la pare de son pognal auquel temps tu luy pourras
donner vn coup d'estramaçon de
reuers sur son bras, ou de main

droite, en tirant en tierce ou en quar-
ce garde tenant ton pognal proche à
la garde de ton espee pour y tendre sa
responce. Pourras encor tirer sur son
pognal afin qu'il pare : mais si au mesme temps il te tiroit vne estocade tu
la pourras parer de ton pognal & luy
donner vn reuers sur le bras de son
espee. Outre quand tu luy tireras le
premier vne pointe, & qu'il la pare
de son espee, pourras alors luy tailler
vne iambe de main droite, ou de reuers selon que tu verras estre pour
le meilleur : S'il pare de reuers, tu te-
riras de reuers. Il se pourroit narrer
plusieurs autres coups de taille, &
d'estramaçons, mais i'estime ceux cy
pour les meilleurs.

Contre vn qui voudroit assaillir de pointe & puis volter de taille.

Si vn te vouloit attaquer de pointe,
& te frapper de taille (comme i'ay cy
dessus dit) tu luy feras cecy quand il te
tirera de pointe : c'est que tu pareras
le coup de ton espee, afin qu'il aye occasion de volter de droite, puis passeras le pied gauche en auant, & pare-

ras de ton pognal pour luy pousser
vne estocade au visage. S'il volte de
reuers, tu pareras de l'espee & le fra-
peras de ton pognal dãs le flanc droit,
ou bien t'en secourant à l'espee ennemie luy donneras vne seconde: Outre
quand tu auras soustenu son reuers de
ton espee, tu pourras mettre ton pognal sous l'espee ennemie, & le fraper
d'vn reuers par la iambe, retirant ton
espee en tierce pour luy tirer vne estocade. Encor s'il te vouloit tirer vne
main droite, & que l'aurois paree a-
uec l'espee, tu pourras neantmoins
ioindre l'espee de l'ennemy à ton pognal pour te seruir de la tienne à luy
donner vne estocade ou coup de taille
voltant du costé droit, & tenant ton
pognal sous l'espee ennemie sans la
perdre iamais.

Comment il se faut gouuerner en tirant
contre les gauchers.

Quand tu prendras l'espee contre
vn gaucher, il faut faire tout le contraire que tu ferois côtre vn droitier,

tant en frappant, comme en parant:
Mesme au passer, tant de l'espee & la
cappe, que de l'espee seule, Il faut donc
pour ton auantage voltiger hors l'espee de l'ennemy gaucher, & trouuer
moyen de le faire tirer le premier: Et
si d'auáture il ne vouloit tirer, tu cercheras de l'offencer à la partie plus
proche, te prenant garde toutesfois
qu'il ne te prenne au mesme temps,
mais cerche tousiours les moyens de
faire qu'il tire le premier pour luy
donner vn plus grand coup, & s'il se
peut que ce soit par sus son espee, afin
qu'elle demeure tousiours sous la tiéne. La meilleure garde & plus auantageuse qui se puisse faire contre vn
gaucher est la premiere, secóde & tierce, tenant tousiours ton pognal voisin
de ton espee: Ces gardes estás les plus
asseurees & meilleures qu'on puisse
faire, t'aduertissant de voltiger tousiours hors l'espee de tó ennemy pour
qu'elle soit subiete sous la tienne. A-
donc cecy sera la maniere que tu auras à obseruer contre vn gaucher, tant
aux gardes comme au passer, t'ad-

uertissant quand tu voudras passer, de
mouuoir le pied gauche tousiours le
premier pour ton auantage: Et si par
auanture le gaucher se mettoit aux
mesmes gardes ou tu te trouueras, &
qu'il voulust attendre ton assaut,
t'ayant trouué en garde tierce ou seconde, tu te mettras alors en tierce,
tenāt ton pognal proche à la garde de
ton espee, & le pied gauche serré pres
du droit pour luy tirer droit au visage vne estocade entre ses armes pour
le contraindre de parer, ainsi que plusieurs font: S'il pare de l'espee tu mettras sous icelle tō pognal en luy donnant vn reuers par la iambe, ou par la
face: ou vne main droite, par la teste,
tirant ton espee à toy pour redoubler
de pointe, & tenant tousiours ton pognal sous l'espee ennemie, faisant cecy
auec l'espee: Et pour l'auantage du
cheminer, feras qu'il chemine tousiours du costé de dehors, en voltigeant aussi de ton costé pour
qu'il ne puisse t'offencer auec l'espee ny le pognal : Cecy estant le
vray moyen qu'il faut tenir pour as-

faillir. Si vn vouloit faire les mefmes
bottes que tu ferois, au contraire tu
luy feras cecy pour interrompre fa
botte pendant qu'il voudra commencer à la tirer, qui fera alorsqu'au mefme temps mettras ton efpee fur la
fienne en le frapant d'vn contreréps,
te retirant en gardé. Cecy eft le plus
brief ferir qu'on puiffe faire: & quád
l'ennemy voudra commencer à te tirer, tu fourniras ta botte. On luy peut
faire encor cecy quád il tirera le premier, tu iras au parer auec l'efpee,
pour luy donner fuiet de volter d'vn
taillant, lequel venant à le parfaire,
le pareras du reuers de l'efpee, & s'il
donne d'vne main droite, tu y porteras le pognal fous fon efpee. On fe
pourra auffi mettre fur le pied gauche
tenant le pognal fur l'efpee, & voltigeant toufiours hors l'efpee de ton ennemy, lequel commençant à tirer, tu
prendras promptement le temps paffant hors fon efpee, luy donnant d'v-
ne quarte vne eftocade fous le flanc
feneftre en la maniere que i'ay dit cy
deffus, laquelle fera plus pour atten-

dre: que pour assaillir , & contre les
gardes que fera l'ennemy gaucher. Les
gardes contraires du gaucher ennemy
s'entendant quand l'espee est hors de
celle dudit gaucher, lequel en peut
faire autant de sa part , comme ledit
droitier : mais la difference des deux
sera cognuë en l'execution dee aduer-
tissemens que i'ay dit cy dessus: En
cela donc est l'auantage des gauchers.
Mais si le droitier obserue la reigle
que cy deuant i'ay mentionnee, & que
le gaucher ne le sçache, sera de beaucoup plus empesché le gaucher , que
le droitier.

Brief discours de l'espee seule en l'ob-
seruation de pointe.

En l'espee seule se contiennent les
quatre gardes, desquelles les meilleures seront ces deux, sçauoir la quarte
pour attendre, & la tierce pour assaillir. En ces deux gardes se peuuent faire tierce & quarte , & vn battre de
main, & vn passer dessous. Il s'en peut
faire assez, mais celles cy sont les plus
briefues & meilleures, le pouuât fai-

re auſſi vn contretemps. Le paſſer ſous
l'eſpee (diſent pluſieurs) qu'Agripa en
fut l'inuenteur, voyant iouſter deux
coqs enſemble, l'vn deſquels ſe hauſ-
ſant, & ſautant pour aller ſur l'autre
luy becquer la teſte, l'autre paſſe dſ-
ſous pour ſe ſauuer.

Contre les coups ſuſdits & contre
ceux qui voudront aſſaillir.

Quand vn voudra paſſer de tierce,
tu luy feras au côtraire vn contretéps
au meſme temps qu'il voudra volter
la main d'vne tierce. Encor peux-tu
cauer ton eſpee t'en allant en ſeconde,
& paſſant de la main le frapperas d'v-
ne eſtocade. Outre tu luy peux faire
vn paſſer ſous l'eſpee, & qui plus eſt
luy faire vne quarte ſus ſadite eſpee.
Il ſe peut auſsi laiſſer le pied parant a-
uec la main, afin de luy dôner vn coup
dedans l'eſchine. Ce ſont les bottes de
la tierce garde, quand vn les feroit en
paſſant.

Contre ceux qui quartent, qui battent
l'eſpee de la main, & qui paſſent
ſous l'eſpee.

Pour le contraire tu luy feras vn con-

rre temps, auec le fort de ton espee
côtre le foible de la sienne en luy portant vne estocade dás l'espaule droite.
Luy peux aussi faire vn passer sous sô
espee le feriffant de tierce. Pourras
aussi parer son coup auec l'espee luy
tirant au visage, ou dans le corps: Se
peut pareillemét laisser le pied parâr
auec la main luy donnât en l'eschine.
Voila les contraires de ceux qui quartent. Contre vn qui bat de main, tu
luy preféteras l'espee à battre, & quád
il battra auec la main, tu là caueras
prestement luy voltât vne quarte dás
l'espaule gauche, passant tousiours
en auant Tu peux encor luy presenter
l'espee à battre afin qu'il passe, mais
au temps qu'il battra l'espee & passera, au contraire tu laisseras le pied, &
battras de ta main son espee, en le
frapant d'vne seconde: Sont les contraires à ceux qui battent de la main.
Contre vn qui veut passer par dessus
tu luy tiendras ton espee haute pour
qu'il aye occasion de passer sous icelle. Tu luy peux aussi tailler son espee
en passant le pied gauche de son costé
                                    droit

droit, & faisant prise de ta main à la
garde de ton espee, tu l'offenceras
d'estocade seconde. Plus tu pourras
laisser le pied portant ta main à la parade, afin de luy donner vn grand
coup dans l'eschine, ou autrepart que
tu iugeras plus commode. Ce sont les
vrays contraires qui se peuuent faire
sur les bottes susdites.

IEV VNIVERSEL DE
l'espee seule, tant de pointe
comme de taille.

SOis aduerty contre ceux qui vou-
droient tirer d'estramaçons, leur
serrer la mesure pour estre plus voisins du premier mouuement qu'ils feront en tirant de taille, afin qu'au
mesme temps tu luy tires vne estocade resoluë, soit de pied ferme, ou de
passade. Voulant assaillir, tu commenceras de tierce vne estocade, sur
l'espaule de l'ennemy pour qu'il aye
occasion de la parer : S'il pare, tu caueras l'espee sous le bras de la sienne,
& luy porteras de tierce vne estocade.

en paſſant de ſon coſté droit. Derechef
quãd il parera, tu luy feras vn reuers
ſur la iambe paſſant à ſa droite partie,
prenant ſon eſpee ſous ton bras pour
la luy faire cheoir des mains, te retirant auec la tienne en tierce pour le
pouuoir ferir de pointe, t'aduertiſſant quand tu luy feras feinte (comme i'ay dit) qu'il face vn paſſer par
deſſous ton eſpee: & quand bien il
voudroit parer au contraire tu ſeras
aduerty de luy tailler l'eſpee : Et s'il
paroit ta feinte, pourras cauer ton
eſpee ſur la pointe de la ſienne, en
luy faiſant vne quarte : S'il pare au
dehors, ou dedans, tu luy tireras au
viſage vne eſtocade, afin qu'il pare:
Et ſi de reſolution il pare, feras de
ton eſpee vn paſſer ſous la ſienne,
ou le frapperas de main droite par la
iambe, pouuant auſſi cauer l'eſpee
par ſus la ſienne pour luy pouſſer
de tierce vne eſtocade en paſſant de
ſon coſté droit, & faiſant vne priſe
à la garde de ſon eſpee : D'auantage
s'il pare, tu le pourras offencer d'v-
ne tierce ſous ſon eſpee en paſſant

du pied gauche, & saisissant pareillement la garde de son espee : Et
quand tu luy feras des feintes (comme i'ay dit ci dessus) & qu'il ne les
voulust parer, il ne peut faire contre
toy autre chose sinon vn contretemps, ou vn passer sous ton espee: S'il
fait le passer sous ladite espee, ou qu'il
l'abatte de la main, tu peux faire au
contraire vn contretemps passant sous
só espee: S'il veut faire vn passer sous
la tienne, tu luy tailleras son espee
en passant le pied gauche de son costé
droit, & faisant prise à la garde d'i-
celle : Et s'il veut batre de la main,
tu luy volteras vne quarte. Si l'ennemy ne veut parer, & qu'il vueille tirer (comme dessus i'ay dit) tu luy feras tous ces contraires. Outreplus
quand tu voudras assaillir de deux
temps, il te faut commencer de pointe, & quand il parera luy volter de
main droite allát en quarte garde: Et
s'il pare du costé droit, tu luy volteras
vn reuers allant en tierce, attendant
tousiours sa rispote pour te pouuoir deffendre de ses estocades, &

de ſes coups de taille: Et s'il te tire la
riſpote de pointe tu iras à l'encontre
d'vn contretemps reſtant en tierce,
ou bien en quarte garde. S'il tire de
taille tu pareras du fort de ton eſpee,
& ſi tu pares du coſté droit, tu luy volteras vn reuers ſur ſa teſte, ou par la
iambe, ou de pied ferme, ou de paſſade: Si tu paſſes, tu ſeras priſe, mais
ſi tu tires de pied ferme, il faut te retirer attendant la riſpote ainſi que
i'ay ci deſſus dit. Si tu voyois que
l'ennemy te vouluſt aſſaillir, tu te
mettras en quarte garde, luy deſcouurant le coſté droit, pour qu'il ne
puiſſe te tirer autre part: S'il tire de
pied ferme, ou de paſſer, tu luy feras
tous ces contraires. Quand l'ennemy
te tire de pied ferme, il faut parer auec
l'eſpee, & paſſer le pied gauche de
ſon coſté droit pour le ferir de tierce
ou de ſeconde, aupres la garde de ſon
eſpee: Et s'il tire d'vne paſſade, tu laiſ-
ſeras le pied parant le coup de ton eſpee, en faiſant prinſe de la ſienne à la
garde d'icelle. S'il veut te tirer vne
pointe pour puis apres te volter de

main droite, tu paſſeras le pied gauche en auant pendant qu'il voltera,
parant le coup du fort de ton eſpee,
& faiſant priſe l'eſtocadant de ſeconde, voltigeant toutesfois de ſon coſté
droit pour ton aduantage. D'auantage, ſi tu te trouuois en tierce, & que
l'ennemy te tiraſt vne eſtocade, tu
pourras faire aſſez de bottes, premierement en battement de main, vn
paſſer ſous l'eſpee prendre vn contretemps, tailler l'eſpee de l'ennemy, parer ſon eſtocade, auec l'eſpee, luy tirer
de deux temps, parer du fort de ton
eſpee ſon eſtocade luy dónant de main
droite par la teſte, ou par la iambe:
Et pour cócluſion pourras parer ſon
eſtocade, & luy donner vn reuers par
la iambe, ſoit en paſſant ou de pied
ferme: mais s'il te veut porter vn reuers par la teſte ſubitemeut qu'il t'au-
ra tiré l'eſtocade, tu pareras du reuers de ton eſpee paſſant à ſa main
droite, te ſecourant auec la main à
la garde d'icelle: ou bien ayant paré
ſon reuers de l'eſpee, tu luy pourras
donner vn reuers par la iambe, en

mettant la main de reuers ſous l'eſpee
de l'ennemy : Encor pourras tu rencontrer auec le fort de ton eſpee , le
foible de la ſienne quand il tirera
vn reuers , le frappant d'vn contretemps. Ce pourroient faire autres
choſes aſſez contraires, mais ce ſeroit
vne confuſion de les deſcrire : les
meilleures ſeront dont celles de l'eſpee , leſquelles s'entendront en ceſte
ſorte : Si tu aſſauts , commenceras de
pointe, & fourniras de taille, qui ſont
deux temps : Si tu attens, tu pareras,
c'eſt à ſçauoir t'aſſeurer treſbien de
parer , qui eſt le meilleur, & puis offenceras la plus proche partie de
l'ennemy, & la plus commode que tu
pourras, & en ceſte maniere s'entendent les deux temps.

Laquelle ſorte d'armes eſt plus auanta-
geuſe de l'eſpee & la cappe, ou de
l'eſpee & du pognal.

L'eſpee & le pognal ſont plus a-
uantageux à ceux qui s'en ſçauent aider , que l'eſpee & la cappe : Et ceux
qui n'y entendent rien , ſont pareils à
ceux de la cappe & de l'eſpee. L'auan-

tage de l'eſpee & pognal ſera de tirer
le premier d'eſtocade ſeconde reſoluë, afin que l'ennemy aye occaſion de
parer auant ſon eſpee, lequel parant,
ſoit de droit ou reuers comme il voudra, tu paſſeras & le toucheras de ton
pognal, t'aduertiſſant, que ſi tu luy tire
au viſage, ce ſera touſiours le meilleur pour toy. L'auátage de l'eſpee &
la cappe ſera de ſe tenir en quarte
garde, voltigeant hors de l'ennemy
en fuyant ſon eſpee & ſon pognal, ne
tirant iamais le premier, mais ſeulement attendre : Et quand il tirera, tu
pareras, & tout auſſi toſt luy pouſſe-
ras vne riſpote, te remettant en
quarte garde, en attendant
touſiours, & fuyant
la priſe de l'en-
nemy.

C iiij

DISCOVRS TRESBEAV
pour tirer de l'espee seule, fait
par deffunt Pateno-
strier de Rome.

Irons en premier lieu auec la commune opinion de tous ioüeurs d'armes auoir quatre gardes, ainsi nommees pour l'ordre consecutif en elles, lesquelles se peuuent reduire en deux, mettant la premiere & seconde en vne, la tierce & la quarte en vne autre.

Or l'estre en garde consiste en deux choses qui est accommodement de corps & d'espee, & pour deduire cómét mettrons la tierce en ieu comme la plus parfaite, & en laquelle toutes les obseruations de bien tirer se peuuent mieux garder, ioint que ce qui se dira sur icelle se pourra en partie accommoder aux autres.

Dóncques l'accommodement du corps pour eſtre en garde ſera le corps aſſez courbé , le coſté gauche & la teſte ſe repoſant & panchãt ſur la iambe gauche dont le genoüil doit eſtre plié, le bras gauche eſleué pres du viſage comme vn demy cercle, la iambe droite eſtenduë ou fort peu pliee, les deux talons vis à vis l'vn de l'autre, ne monſtrant que le flancque couurirez de voſtre bras droit bien eſtendu en bas,& vn peu auancé au deſſus de la cuiſſe droite , la pointe de l'eſpee regardant au deuãt de l'eſpaule droite de l'ennemy,vn peu plus haute que le fourniment , & trauerſee tant ſoit peu en dedans , propre pour aller de tous coſtez en l'eſpee de l'ennemy.

Le tirer conſiſte en quatre choſes,le mouuement du bras & de la main,l'auancement des pieds , l'eſchiffement de corps , & au iugement de ces quatre choſes naiſſent toutes façons & coups, & eſtocades auſquelles nous nous arreſterons , laiſſant mains droits, reuers, & eſtramaçons en ar

C v

riere, estant l'estocade la plus belle
& plus principale partie de l'espee
seule, que nous diuiserons en cinq sortes, à sçauoir inquartade, ou quarte,
la tierce, le passer dessous, le batre &
entrer la quarte par dessus l'espee.

La quarte se fait auançant premierement la main comme le droit fil, &
puis la voltant en dedans proche d'arriuer auançant fort le pied droit es-
chiffant de l'espaule droite en auant,
& de la gauche en arriere passant
le pied gauche en arriere pour esqui-
uer mieux, portant le bras bien essen-
du en maniere que vostre main soit
aussi haute que vostre espaule, ten-
dante à l'espaule droite de l'ennemy.
Plusieurs autres obseruations y a que
i'obmets à vne autre fois.

La quarte du pied gauche se fait
comme du pied droit, auec la mesme
conduite de l'espee & voltement du
corps, & ne differe que du passer du
pied gauche qui se fait en auant, au
lieu que celle du pied droit se fait en
arriere. Or l'occasion de faire ces
quartes est quand l'ennemy se trouue

defcouuert en dedans.

La tierce fe fait auançant premierement la main & le pied droit tournant le poing en dehors le bras bien
eftendu en auant, de façon qu'elle arriue du pied droit portant le corps de
flanc, l'efpaule droite toufiours en a-
uant, & la gauche en arriere, afin qu'il
y ait moins de prife, qui fera eftant
couuert tant en dedans qu'en dehors,
foit que l'ennemy esfalfe ou vienne
en contretemps.

Le paffer deffous fe fait de tierce, tellement qu'il n'y a autre particuliere
obferuation que d'abaiffer bien le
corps en dehors, & biaifer vn peu de
la pointe de voftre efpee en dedans, &
fe fait autant d'vn cofté que de l'autre
pied : Et quelquesfois encor abaiffant
le corps feulement quand voftre ennemy vient de grande refolution.

Le batre & entrer fe fait auffi en
tierce, & n'y a autre chofe de plus
comme vous battez l'efpee de l'ennemy : Et faut prendre garde que la main
gauche venant à batre ne face pour
cela reculer en arriere le bras droit,

La quarte par dessus l'espée se fait côme la quarte ordinaire, sinó qu'au lieu que celle-ci se fait au dedans de l'espee, l'autre se fait en dehors.

De la maniere de l'executer : C'est sur les gardes longues ou bien sur vne tierce vn peu auancee en eslargissant le poing en dehors, & biaisant la pointe en dedans.

Or ayát parlé des cinq estocades, & en la maniere de les faire, qui a esté le plus succinctement qu'il est possible, nous parlerons maintenant en ceste façon mesme, de la mesure qu'il faut tenir pour les faire, & dü moyen de gagner ceste mesure.

La mesure n'est autre chose que la distance dont on se peut arriuer l'vn l'autre d'vn pas seul allongé: Car il y en a de trois sortes, mesure iuste, estroite, & lointaine : La mesure iuste est quand lon se peut arriuer l'vn à l'autre d'vn pas : La mesure estroite est se pouuoir arriuer l'vn l'autre au seul allongement d'espee, ou d'vn demy pas non forcé : La mesure lointaine que mettons pour la tier-

ce, est quand l'on ne peut arriuer aiſe-
ment d'vn pas ſeul, ains que pour la
parfaite, mettons vn demy pas deuant
auec ſuite forcee d'vn autre pas pour
arriuer. En quoy conſiſtent toutes les
eſtocades du Patenoſtrier qu'il appelle ieu de reſolution, & preſt pour n'y
auoir en ſon ferir aucune tergiuerſa-
tion.

La meſure quelle qu'elle ſoit ſe gaigne par quatre ſortes d'accommodement de pied, que i'apelle auancemét,
aprochement, ioignement, & chaſſement de pied. L'auancement de pied
eſt quand vous trouuez vn pas eſtroit
ou iuſte, vous gagnez la meſure, auançant le pied droit en auant, pour redoubler encor le pied droit, ou aller
de pied gauche ſi bon vous ſemble.
Aprochement de pied eſt quand vous
trouuant en pas large, vous aprochez
voſtre pied gauche à my chemin du
droit pour aller puis apres de pied
droit. Le ioignement eſt quand vous
trouuant en pas iuſte ou eſtroit, vous
vous ioignez voſtre pied gauche au
droit, pour auoir moyen puis apres

d'auancer le pied droit. Le chaſſement
du pied eſt quand vous eſtant large de
pas, vous aprochez le pied gauche, &
en chaſſez le droit plus auant qu'il
n'eſtoit.

L'vn de ſes accommodemens ne ſuf-
fit pas, ſoit que voſtre ennemy à voſtre premier accommodement recul-
le, ſoit que tiriez en vn grand lieu, ſoit
que vouliez gagner vne meſure e-
ſtroite, tellement qu'il eſt neceſſaire
quelquesfois d'en faire vne ou deux
apres, en quoy faut noter de n'en faire
iamais deux ſemblables l'vn ſuiuant
l'autre.

Faut obſeruer deuant tous accommodemens de pied, d'auancer vn peu
l'eſpee, & auoir l'œil à celle de l'énemy, afin de n'eſtre ſurpris, & puiſſiez
aller en contreτéps à voſtre auátage.
Ie n'aprouue nullemét le trepigner &
gliſſemét de pied pour eſtre vne choſe
goffe, malſeante, & incommode.

Il faut maintenant parler de la pratique des eſtocades, & en premier lieu
de la quarte, l'ayant miſe en ieu la
premiere. L'on s'en ſert quand l'en-

nenty eſt fort deſcouuert en dedans,
& ſe fait de tous pieds & meſures, ſelõ
que l'ó ſe trouue pres ou loin l'vn de
l'autre, toutefois auec diuerſes raiſós
plus amplemét deſcrites ailleurs, que
laiſſons icy à cauſe de la briefueté.

Se faut prendre garde tant à la tierce cóme à la quarte, & paſſer deſſous,
de ne tirer point ſi vous voyez voſtre
eſpee ſous celle de l'ennemy, ains que
deuant tirer ſi vous ne voulez rompre
la meſure, faut tenir le corps en arriere, & qu'oſtiez voſtre eſpee de deſſous celle de l'ennemy, & que la met-
tiez en eſgale hauteur, & puis que
tiriez. Bref pour faire reüſſir ceſte e-
ſtocade comme toutes les autres, faus
tirer auec plus de promptitude qui ſe
pourra, deſrobant le temps à l'ennemy
à propos & preſtement.

Des contre-coups.

Or pour oſter la confuſion de tant
de contraires qui ſe peuuent alleguer
& mettre en auát ſur le temps de l'eſpee, ie trouue qu'en vn aſſaut fait
de deux qui veulent tirer auec reſolution, accompagné toutesfois

auec iugement, estans en mesure rai-
sonnable, il ne peut courir que trois
temps, sinon que les deux qui tirent
voulussent, comme l'on dit, brouiller
en tirant sans passer auec esloigne-
ment de corps en arriere. Ie ne doute
pas qu'audit assaut, que ie ne puisse
courir plus de temps, & qu'on n'aye
loisir de trouuer des contraires vne
infinité : mais cela est plustost brouiller que tirer, & se fait plus souuent
entre personnes qui veulent plustost
monstrer en sçauoir des contraires,
que d'auoir resolution à perdre le
temps & à ferir. Le premier temps
doncques de ceux que i'ay dit, qui se
peuuent faire en assaut resolu, sera le
contretemps, qui est quand vostre ennemy vient, & que vous vous en allez.
Le deuxième est quad vostre ennemy
vient, & que vous esfalsez. Le troisié-
me est quand vostre ennemy fait vne
feinte & esfalse, & que vous contr'esfalsez. Dirons le dernier quand vostre
ennemy fait vne fainte & esfalse, &
que vous esfalsez, & r'esfalsez encores, ce qui est fort mal aisé à faire.

Or i'appelle temps cé en quoy le
temps se perd, & non pas l'action. Ie
ne veux pas dire neantmoins que tout
mouuement de l'espee, de quelque façon que ce soit auec perte, & non perte de temps ne soit temps, comme ie
me reserue ailleurs d'en parler plus
amplement, & en façon plus intelli-
gible, & ne puis pour le present, pour
n'estre long.

Pour prendre donques le temps du
contretemps, faut regarder soigneu-
sement quand l'ennemy veut partir,
le deuançant de prestesse & allongement de pied, & de moins pour prendre vostre estocade plus auantageuse,
enquoy faut noter, qu'à tout contretéps de quarte ou tierce, de porter l'espee plus haute que celle de l'ennemy.

D'auantage se prend le temps bien
à propos quand pourrez rencontrer
l'ennemy sur ses pas, voulant gaigner
la mesure, qui est vous voulant aprocher : Enquoy faut iuger si l'ennemy
s'accommode pour tirer tout soudain,
ou aprocher seulement, ce que ie sçay
estre tres-difficile : car c'est deuiner:

Toutesfois à qui a tiré quelque téps,
& qui a prins peine de considerer les
mouuemens & actions de plusieurs
personnes quand ils veulent ou ne
veulent pas tirer, il n'est pas si mal
aisé quand c'est contre principians,
lesquels la plufpart pour ne sçauoir
ce qu'ils doiuent faire, font vne grãd
monstre de resolution, penfant e-
stonner leur ennemy & faire place
à leur efpee, ce que ne leur reüssissant
pas, demeurent confus ne sçachant
quel party prendre : Ce qui aduient
aussi à de vieux escoliers qui ont fau-
te de pratique.

Or qui ne voudra vser de contretemps, n'y venant l'ennemy esfalser,
ny battre de la main, ou passer des-
fous, le remede est parer de l'espee,
qui sera pour vne regle generale.

Que toute estocade qui vient en dedans, se doit parer tournant le poing
en dedans, comme si vouliez faire
vne quarte : De toute estocade qui
vient en dehors se doit parer tournãt
le poing en dehors, que le dehors se
pare quelquesfois fans auancer le

pied, & quelquesfois auançant le
pied : Et me semble que se voulant
seruir d'auancement de pied, il sera
meilleur du gauche pour euiter
mieux la prise à laquelle chacun à recours l'estocade manquant : Et pour
s'en garder ayant paré, vous deuez aller à la prise vous mesmes retirant le
bras droit en arriere, tant pour empescher la prise à l'énemy de laquelle
vous luy donnerez le téps & la commodité parant auec le pied droit, que
pour desgager mieux. vostre espee
pour vous en preualoir puis apres.

Il y a encor vne autre sorte de parer
au dedans tournant le poing de tierce
chassant à vostre main gauche l'espee
de l'ennemy, & tirant vn estramaçon
de reuers à la teste de l'ennemy.

Vne autre sorte de parer est ce que
l'on appelle le raillement d'espee qui
se fait parant au commencement de
quarte & acheuant tournant le poing
en tierce, & abaissant l'espee de l'énemi au dehors de vostre main droite.

Quand est des prises, les meilleures
sôt celles qui se fôt sur le poing droit

de l'ennemy, ou celles qui tiennent
l'eſpee enuelopee entre vos bras &
voſtre flanc gauche. Or auāt que d'aller à la priſe ſoit ſur la quarte, ſur la
tierce, ou ſur le paſſer deſſous, vous
vous pouuez faire vn eſtramaçon d'v-
ne main droite, ou d'vn reuers haut
ou bas ſur voſtre ennemy : & ſur le
laſchement de l'eſtramaçon que deuez faire retirant bien voſtre bras en
arriere, ou pour mieux dire l'eſpee,
deuez aller à la priſe telle comme i'ay
dit en cet article. Toutes ces façons
de priſes au corps & au colet ſont de
la luitte plus propres comme auſſi
donner la iambe, qui aux armes tou-
tesfoisne ſont à blaſmer, ains les
tiens bonnes pour ceux
qui ont force & adreſ-
ſe pour s'en
ſeruir.

F I N.

ISCOVRS
EXCELLENT DE
LA CHASSE POVR
facilement prendre toute sorte de gibier, & oyseaux,
par les quatre sai-
sons de l'annee.

Fait & experimenté par le sieur
de Strosse.

A ROVEN,

Chez Claude le Villain, Libraire & Relieur
du Roy, demeurant à la ruë du Bec,
à la bonne Renommee.

1609.

LIVRE DE CHASSE
POVR TOVTE SORTE
DE GIBIER, FAIT ET
experimenté par le Sieur
de Stroſſe.

Les ſaiſons où l'on peut chaſſer à toutes ſortes de
gibier, & quelles eſpeces d'oyſeaux ſe trou-
uent en icelles, & en queltemps & heu-
res du iour il y fait bon chaſſer,
& en quelle terre on
les trouue.

L'An eſtant compoſé de quatre ſaiſons, nous commencerons par le Prin-temps, durant lequel téps la ſaiſon eſt morte pour la chaſſe : d'antant que les oiſeaux ſe retirent tous à faire leurs petits, durant ce temps, l'on ne trouue rien aux riuieres : Le gibier eſt caché dans les

grands Marefts & Eftangs, fe tenans
dans les herbes.

Vous trouuerez depuis les quatre
heures du matin, iufqu'à neuf heures,
la Tourterelle & le Ramier qui châ-
tét fur la brâche, à quoy vous pouuez
tirer. Cefte heure paffee ils vont pré-
dre vne gorgee d'eau, & fe retirent
fur les arbres, iufqu'à trois heures du
foir, qu'ils vont paiftre aux femailles
iufqu'à cinq ou fix heures, où ils vont
chanter vne heure fut les branches
feiches des arbres plus prochains de
quelque riuage. Et de là fe perchent
iufqu'à l'ombre du iour.

Vous pouuez auffi à l'aube du iour,
aller au bois, ou garenne iufqu'à dix
heures du Soleil, ou vous verrez le
Liéure & le Lapin venant au riuage
du taillis, ou bois, qui a mangé toute
la nuict, & fe retire dans le fort, vous
pouuez auffi y aller à foleil couchant,
& vous mettre en embufche à vingt
pas du bois, & le verrez fortir pour
paiftre en quelque pré, ou auoine, qui
commence à croiftre.

Vous

Vous auez auſſi en ceſte ſaiſon le
Cheureil , & la beſte Fauue , qui
commencent à manger le bourgeon,
leſquéls vous pouuez tirer dans les
ieunes taillis, le matin & le ſoir : Au
haut du iour , le tout ſe retire aux
forts des foreſts.

L'ESTE'.

La ſaiſon de l'Eſté, vous n'auez que
les ſuſdites chaſſes, & ſont les oyſeaux empeſchez à leurs petits, & cachez aux lieux les plus inacceſſibles:
meſmes les grains ſont eſleuez ſur la
terre, tellement qu'on ne chaſſe n'y a
lieutes, n'y a perdrix. Il vous demeure hors la chaſſe ſuſdite, la chaſſe de
la caille, auec le chien couchant , & la
tiraſſe au long des prez, & y fait bon
à la plus grande chaleur du iour,
d'autant qu'elles attendent mieux.

L'AVTOMNE.

L'Automne eſt la plus belle ſaiſon
de l'annee pour la chaſſe : car les oy-

D

feaux ont fait leurs petits, & fortent des forts lieux, s'efpandant par les Marefts & eftangs, auec leur volee de l'annee, les ieunes n'ont point efté encore batus, ny d'harquebufes, ny des tendeurs, tellement qu'encores qu'en cefte faifon il n'y en aye fi grande quantité qu'au fort de l'hyuer, où ils viennent ici des regions les plus froides, ce qu'il y a n'eft battu, & la faifon douce aux champs, qui rend la chaffe auffi plaifante qu'au froid, bien qu'on ne puiffe tant abbatre, mais c'eft auec moins de peine, & en faifon plaifante.

Au mois d'Aouft, vous trouuerez la Tourte, & le Ramier, aux grains couppez, qui mangent le grain, fe perchent foir & matin, & font defia en troppes?

Vous trouuerez auffi les perdriaux, lefquels vous ne pourrez tirer à l'harquebufe, pour eftre dans les chaumes, ou aux prez le long de quelque ruiffeau à la chaleur du iour. Il faut donc les auoir auec la traffe, le chien couchant, ou l'oyfeau.

En la meſme ſaiſon vous irez aux
plus grands eſtangs ou mareſts, où
arriuant ne verrez vn ſeul oyſeau:
mais allez à quatre heures du matin
preciſément, ou pluſtoſt encores, &
vous verrez partir des ioncs & herbes, tout le gibier des mareſts ou
eſtangs qui ſe iettera en quelque
chaume, ou bled ſarrazin à la mangeaille. Là vous irez faire voſtre chaſſe iuſqu'à neuf heures qu'ils retour-
neront à l'eau, & ſe mettent au riuage à grenoüiller iuſqu'à midy, puis ſe
retirent au fort de l'eſtang ou mareſts iuſqu'à quatre heures apres midy, où ils repartent tous d'vne belle
pour aller aux grains, comme deſſus
eſt dit, iuſqu'à la nuict fermee, ils
ſont en grande troupppe, & ieunes,
point battus, où lon fait de beaux
coups dans les grains, où ils paſſent
tous en vn monceau.

Vous auez auſſi le Heron au ſoir &
au matin, le long des riuages.

Vous auez la beſte fauue comme le
Cerf qui eſt en venaiſon, qui vient
aux grains, il ſort au coucher du ſoleil

des tailles,& le fait bon guetter dans
quelque ieune taille, à vingt pas du
fort où il eſt, ſe mettant à vau-vent, de
peur qu'il ne vous ſente.

Vous pouuez chaſſer la beſte noire
auec vn abbayement, & la trouuerrez
au haut du iour en quelque fort hal-
lier, où il y a des ſources de fontaines
dans leſquelles ils ſe croüillent.
Quand les grains & les raiſins ſeront bons, vous ferez des loges dans
la vigne ou bled où ils viennent paiſtre, ou vous ne faudrez de tirer à demie heure du Soleil couchant.

En la fin de ceſte meſme ſaiſon, comme l'on fait les ſemailles, vous auez la
gruë & l'Oye ſauuage qui viennent,
il les fait bon tirer: car elles n'ont eſté
effarouchees, elles deſcendent aux
grandes plaines deſcouuertes, ou il y
a quelques grãds mareſts, ou eſtangs,
pour ſe retirer la nuiΦ.

Leſdits animaux vont à grands
troupes, partant de leur couchee dés
l'aube du iour, & vont aux ſemailles
aux plus grandes campagnes, & ſe
paiſſent à la veuë des laboureurs, tel-

lement que pour y tirer, il eſt mal-aiſ-
ſé d'en approcher, ſi ne prenez vne
charruë, qui eſt le meilleur, ou bien
vne charrette, & vous mettre derriere, & feindre paſſer chemin, faire
mener ladite charruë, ou charrette
au laboureur ou chartier, parlant
tout haut, paſſant aupres y tirerez de
bien pres, vous n'en approcherez iamais ſans cela, ou ſans cela à cheualier, & encore à grand peine.

Elles mangent iuſqu'à midy, & à
midy elles s'en vont aux mareſts &
eſtangs boire, & n'en bougent iuſqu'à trois heures, qu'elles partent,
& vont à la mangeaille aux plaines.
Il y faut aller au matin & au ſoir
pour y tirer : car auant iour vous
ne trouuerrez rien à la plaine, elles
ſont au milieu des eaux d'où vous
ne ſçauriez approcher. Le ſoir tard
elles ſe retirent à leur couchee, les
Oyes aux grands eſtangs ſe mettent
au lieu le plus mal-aiſé a approcher,
la gruë au milieu des mareſts.

Vous auez aux eſtangs quantité de

poulles d'eau, beccaſſines, & autres
ſortes de menus oyſeaux, que tirerez
le long du riuage il ſetrouue.

Lon tarde en ceſte ſaiſon, mais en
peu de lieux en France, elles ſe tiennent ordinairement aux grandes
pleines, & qui ſont pierreuſes.

Vous pouuez tirer à l'Oye ſauuage,
aux grands eſtangs en ceſte maniere,
il faut prendre vne nacelle, l'armer
de ioncs d'vn bord à l'autre, la mettre
au lieu de l'eſtang, ou les oyes viennent boire au haut du iour, la laiſſer
là trois ou quatre iours, iuſqu'à ce
qu'elles l'ayent accouſtumee, & ne
s'en effrayent : puis lors qu'ils ſeront
allez paiſtre, vous mettrez dedans
trois ou quatre harquebuſiers, leſquels tireront tous enſemble, quand
reuiendront aupres de la nacelle, ce
qu'elles ne faudront faire iuſqu'à ce
qu'elles ayent eſté battuës, & ferez vn
beau coup.

La meſme ſorte ſert auſſi à les tirer
la nuiĉt, quand il fait Lune.

Si voulez auſſi auoir du plaiſir:
mais ne le faites qu'vn coup le ſoir, il

se faudra cacher derriere vne saule,
où butte, en la part de l'estang, par
lequel elles reuiennent trouppe à
trouppe, & venant bas comme elles
font, tirerez en volant plusieurs
coups, mais elles ne reuiendront plus
à l'estang.

DE L'HIVER.

Il vous reste à parler de la derniere
saison de l'an, qui est l'hiuer, en laquelle abonde la quantité de gibier:
& les oyseaux passagers sont venus
des regions froides. Les marests sont
pleins, les eaux & riuieres desbor-
dent le plus souuent.

Quand le temps ne sera de gelee,
vous trouuerez le gibier aux grands
marests & estangs, quand le temps est
à la gelee il quitte lesdits lieux, & le
trouuerez aux grandes riuieres
& ruisseaux de fontaines, & aux
estangs gelez, où il y a des sources de
fontaines, il sera là comme l'vn sur
l'autre.

Quand il gele fort aux grandes

riuieres, il s'y fait grande tuerie d'oy-
feaux, fi lon fe met dans vne nacelle
habillé d'vne robbe de payfan, vous
tirerez tout le iour à toutes les heures, la chaffe eft bonne & la plus aifee,
d'autant qu'aux marefts ou eftangs
gelez, la glace ne porte, & aux eaux
defbordees, il y a des fources ou lon
enfondre, s'il commence à defgeler,
retournez aux eftangs & marefts, ils
quittent la riuiere.

Vous trouuerez aux pays où il y a
beaucoup de poiriers, grande quantité de Bifets, & Ramiers, il y fait bon
à toutes les heures du iour.

Vous trouuerez les pluuiers, que
farcelles, aux pays où il a pleu, lors
qu'il degelle.

Quand il a neigé vous trouuerez
toute forte de gibier fur la grande riuiere, ou fur la terre pres de là.

Vous pouuez tirer fur lp neige aux
perdrix que vous voyez de loin, tour-
noyez-les, & tirez en les tournoyant.

La nuict quand les Ramiers font
perchez, vous y pouuez aller au cha-
riuary, & les tirer auec l'harquebufe,

ou arbaleftre.

Le temps eftant à la pluye, il ne fait beau chaffer: car outre l'incommodi-té, le gibier eft tout efpars, & non af-femblé à manger le ver qui fort de terre quand il pleut.

Voila la fin aufquelles lon trouue le gibier, & le téps d'y chaffer. Nous defcrirons à cefte heure bien ample-mét, la maniere de charger l'harque-bufe pour tirer à toutes fortes d'oy-feaux, ou animaux, & le moyen auffi comme il les faut approcher.

Il faut que l'harquebufe de laquelle vous voulez chaffer, ayant vn cheual, iument, ou bœuf qui cheuale, foit feu-lement de trois pieds & demy de lon-gueur.

Si vous tirez fans cheual, il fuffira qu'elle foit de quatre pieds de **Roy**, & que le calibre du canon face vingt deux balles à la liure: car fi vous vfez de canons plus grands, il faut qu'ils foient proportionnez de feret de ca-libre, comme dit eft, pour tirer feure-ment: car s'ils font legers & longs ils font imparfaits.

Vous aduiserez à tirer d'vne mesme sorte de poudre, la faire faire l'Esté, & la conseruer en vaisseaux de cuiure, qui la tiennent seche.

Vous vserez de trois sortes de dragee, pour tirer à tous animaux de celle qui entre trois de calibre à vostre canon, de celle qui entre quatre à quatre, & de celle qui entre cinq à cinq, qui est fort menuë, que meslerez parmy de la larme, tant d'vn que d'autre. Le nombre sera escrit plus amplemét cy apres de chacune, & en quelle forme il les faudra mettre.

Vous tirerez de la dragee qui entre trois à trois aux oyes, de celle qui entre quatre à quatre aux canars, de la plus menuë meslee auec la larme, aux Sarcelles, Pluuiers, Ramiers, Ramerets, Bisets, & autres menus oyseaux: Aux Gruës, Oustardes, Cignes, vous aurez vne charge à part que nous descrirons tantost, Si vous auez vne beste à cheualer, la larme meslee est le meilleur tirer quand vous pouuez approcher, si n'auez cheual, non: car il faut tirer de plus loin.

Vous porterez toufiours l'harquebufe chargee de poudre, & ne mettrez la dragee que ne voyez le gibier,
auquel vous voulez tirer : car s'il est
amoncelé enfemble, vous chargerez
à vn lict, s'il est pofé en vne longue
file, comme le plus fouuét on le trouue ainfi, vous chargerez à deux licts:
car cefte charge fait vne trainee longue & eftroite. Si tirez à trouppe fur
branche, à vn lict, fi tirez à trois ou
quatre Canars à vn lict, fi le nombre
paffe chargez à deux licts, & prenez
toufiours le rang en long : car fi vous
tirez de trauers, vous n'en tirerez
guere.

Pour tirer à Liéures, Connils, Re-
nards, vous vferez de la dragee qui
entre trois à trois, pour tirer à beftes
fauues, vous chargerez de deux
balles iuftes, auoir deux balles par
vn fil d'archal, de quatre doigts de
long qui ioint les deux balles, cela
fait vne grande ouuerture : mais il
faut tirer de pres, cela s'appelle vne
balle ramee, Si vous auez chargé
pour liéure, & vous rencontrez vn

Cheureil , ne laissez à le tirer de ladite charge: car vous le tirerez de dragee.

Vous bourrerez ordinairement de
bourre , mais quand viendrez tirer
aux Oyes, Gruës, ou Cignes , au lieu
du tappon de bourre que vous mettez apres la poudre , mettez y vn tappon fait en ceste maniere: car il porte
beaucoup plus loin que la bourre.

Prenez vne Cuilliere, & mettez dedans les trois parts de suif, & vne
part de cire, faites les fondre, & trem-
pez dedans vne piece de vieux drapeaux que vous en retirerez soudain, il viét froid comme toille ciree,
couppez-le par petits morceaux , cóme il faut pour vn tappon, pour mettre au lieu de bourre apres la poudre:
car apres la dragee il ne faut mettre
que le tappon ordinaire de bourre.
L'harquebuse sera vn peu plus rude:
car cela retient la force de la poudre,
& la rend plus violente , mais on en
va bien plus loin. Et si a des pistoles
y mettez vn semblable tappon, il n'y a
corps de cuirasse que vous ne perciez.

Pour tirer aux Canars, & à tous moindres oiseaux, vous mettrez le poix de quatre dragees, de celle qui entre trois à trois, & que la poudre ne poise du tout les quatre dragees : mais que le plomb l'emporte plustost vn peu à la balance.

Si vous tirez aux Canars quand il ne gelle, parce qu'ils n'attendent de si pres que quand il fait froid, & qu'il faut tirer de plus loin, mettez vingt sept dragees de celle du calibre de trois, quinze apres la poudre, & bourre dessus, & puis douze, & vn peu de bourre dessus pour les retenir, s'il gelle, ils attendent de plus pres.

Sur mesme charge de poudre, mettez quarante trois de celle qui entre quatre à quatre (qui peut estre la pesanteur de deux balles) à sçauoir vingt quatre au premier lict, & le surplus en l'autre couche.

Si tirez aux bisets sur branche, de mesme charge de poudre, mettez des armes en vn lict le poix de trois balles, quasi non du tout, & ferez faire

vne charge de fer blanc qui tiendra
iufte le nombre qu'il en faut, afin que
n'ayez la peine de conter.

Si vous tirez à terre ou fur l'eau
aux farcelles, aux pluuiers dans les
prez, ou aux Bifets, & Ramiers, vous
chargerez de larmes & menue dragee
le poids de deux balles, & aurez des
mefures de fer blanc, contenant le
tout.

Pour tirer à l'oye, vous mettrez le
poids d'vne dragee de trois, plus qu'à
tirer aux Canars, de poudre, & ferez
voftre tappon apres la poudre du dra-
peau, cy deuant declaré, vous ferez vn
fer qui coupera dans vn feutre de petits ronds du calibre de voftre canon,
puis apres le tappon mettrez dans vn
linge trois dragees de celles du calibre de trois, & ferez vne plate forme
du lict de feurre, puis trois dragees
deffus, continuant ainfi iufqu'au
nóbre de dixhuit, entre chacune trois
vne plate forme, puis les coulant à
fond toutes enfemble bourrez deffus,
mettez y apres cinq poftes d'vn coup
de la groffeur d'vn poix, & bourrez

deſſus, de ceſte charge ferez vn coup
de loin.

Pour la Grüe, Cigne, Ouſtarde,
vous mettrez meſme charge de poudre, & de la dragee qui entre deux à
deux, vous en mettrez huit, pour ſix,
bourre entre les deux couches, &
trois poſtes par deſſus, aux beſtes
groſſes, la charge de poudre ordinaire, & deux balles.

Vous pouuez auoir vne harquebuſe particuliere pour les oyes & grues.
parce qu'elles n'attendent de ſi pres
qu'vn canon de quatre pieds priſe
porter iuſqu'à celles, & d'vne portant
vne once de balles, vous ferez quatre
meurtres, auec les charges ſuſdites.

Faut noter qu'en eſté les oiſeaux
vont ſeuls, ou deux enſemble pour le
plus, que la poudre eſt plus ſeche, &
conſequemment plus forte qu'en hyuer, il n'en faut donc pas tant mettre
que dit eſt, & mettre auſſi vn peu
moins de ceſte menuë dragee : il faut
recharger ſoudain apres auoir tiré,
parce que ſi on eſt lóg temps à rechar-

ger de poudre & de bourre, le canon
fe rend humide & relant, de forte que
la poudre ne pouuät couler, s'attache
de cofté & d'autre à cefte humidité,
qui fait qu'elle chifle, & eft longue à
prendre feu : mais chargeant foudain
le canon eftant encore chaud, elle
coule feche au fôd, & en fait meilleur
coup.

Quand vous tirerez à quoy que ce
foit, ne defcendez pas de cheual à la
veuë du gibier, s'il eft poffible, allez
derriere quelque haye, buiffon, arbre
ou vallon, ou vous laifferez ceux qui
vous fuiuent : car rien ne fafche tant
vn beftial quand il voit vn tireur,
que de voir auffi des gens qui font ar-
reftez, cela le met en foupçon & le fait
partir.

Quand vous voudrez tirer à quoy
que ce foit, gaignez le vent, & n'allez
droit à la chaffe, mais comme fi vous
vouliez paffer à trois cens pas au cofté, & lors que ferez au droit où eft le
gibier paffez outre, car quand l'aurez
outrepaffé, il ne fe deffie plus, lors en
tournant de long commencez à le ra-

procher en tournant, & comme ferez quasi à portee, ayant le chien baiſſé allez droit choiſir le rang, ou le mon- ceau plus ſerré, & combien qu'il có- mence à partir, n'y a danger de tirer comme il ſe leue, ſi ce ſont oyes, ou grues, ou autre menu gibier en grand troupe.

Si vous tirez aux vanneaux, & en ti- rez quel qu'vn, ayez deux harquebu- ſes chargees, car quand ils en voyent quelqu'vn mort, tous retournent ſur luy, vollant ſur voſtre teſte, & ferez vn plus beau coup en l'air que n'auez fait à terre.

Les mouettes ſont de meſme nature.

Vous tirerez l'hyuer au long des hayes aux gruës & merles, auec de la menuë dragee groſſe comme teſtes d'eſpingles, la moitié de la charge de poudre que mettez pour lescanars, ou ſi voulez vne poignee de petits poix, cela eſt bon à la neige, aux petits oi- ſeaux qui vont enſemble.

Vous pourrez tirer la nuict aux ra- miers, au feu, quand il fait vn froid noir, vous les trouuerez en vn fort

fur de petits arbres perchez bas, & y
faut aller auec des tabourins, des
chauderons & des poiles, menant
grand bruit, vous les mettrez l'har-
uebufe contre le ventre, demy charge
de poudre, & vn peu de larmes, faut v-
fer à cela de l'harbaleftre qui veut.

En vne garenne à l'obfcurité de la
nuict, mettez vne lanterne en vn châp
là aupres, vous verrez venir le
connil autour fe ioüer, cuidant voir
le foleil, fi voulez y tirer vous le pouuez faire.

Aux Canars pareillement, la nuict
dans vne nacelle en vne riuiere qui
ne court guere, porter au bout du
batteau du feu fait de fuif, dans vn demy pot de terre, à trois gros lumi-
gnons comme le doigt, qui facent vn
feu pale, & vn batelier qui vous meine, auec vne pelle derriere fans
faire bruit, les canars viennent à
vous, & femblent blancs, vous
les tirerez, ou couurirez d'vn filet
tremaillé au bout d'vne grande perche.

Le gibier vient fi pres de vous, &

ſemble de ſi eſtrange couleur, qu'vn
homme qui ne ſçauroit le fait, pen-
ſeroit voir vne ſorcellerie: ioint que
ce feu fait au plus noir de la nuict, réd
vn grand pays comme l'aube du iour,
& non ſeulement vne beſte, mais vn
homme y ſeroit trompé.

Quand vous tirez aux oyes, ou
gruës, auec la charette, garniſſez les
hauts de paille, vous pouuez mettre
trois ou quatre tireurs derriere : car
encores que tirans tous, l'vn ne tire ſi
toſt que l'autre, que l'vn donne à terre, l'autre comme elles ſe leuent il s'y
fait de grands coups, & quand
vous auez tiré, prenez garde au gibier
qui s'eſcarte de la trouppe : car il
eſt bleſſé.

Il y a vne autre maniere pour tirer au gros gibier, comme l'oye &
la gruë, apres voſtre charge de poudre & tapon de drappeau, vous mettrez vne charge faite en ceſte maniere.

Faites faire vn baſton du calibre
iuſte à voſtre harquebuſe, à la façon

d'vn moule à fuzée percé, puis aurez
vn baston qui entre dedans ledit trou,
ledit baston fera long de deux doigts,
comme nous le depeindrons cy apres.

Vous le boucherez par vn bout, de
papier trempé en cire fõduë, afin que
ce que verferez dedans ne s'efcoule,
puis par l'autre bout (mettãt ce moule fur vne table) vous mettrez quinze
dragees de celles du calibre de trois
dans ledit moule, & les ayant laiffé
couler au fond, vous ferez fondre dãs
vne cuilliere trois parts de fuif, &
vne part de cire iaune, & le verferez
dans ledit moule, il s'en fera comme
vne chandelle: car cela lie les dragees.

Quand il fera froid, ayez vn baston
iufte au calibre du moule, & faites fortir le tapon qui femble vn morceau
de cire, & le mettez dans vn tuyau de
fer blanc, pour en garder cinq ou fix
charges: car cela fe brife, fi vous le
portez dans vne gibeciere, apres la
poudre mettez ladite charge, puis
bourrez, & mettez encores cinq poftes par deffus, cefte charge va fort
loin enfemble.

Si vous pouuez recouurer vn duc,
posez le sur vne perche, pres quelque
grand arbre seul, qui soit proche d'v-
ne tour, muraille, ou fenestre, & vous
verrez ledit arbre couuert d'oiseaux,
ausquels vous pourrez tirer depuis
le matin iusqu'au soir, chasse plaisan-
te pour tirer sans partir d'vn logis,
s'il n'y a maison, faites vne loge sous
ledit arbre, auecques des genets, ou
autres branchages espois & touffus.

Et faites noircir au feu le canon duquel vous voulez tirer au gibier : car
la clarté luy fait peur, & n'allez aussi
habillé de noir, c'est la couleur qu'ils
attendent le moins, mais de gris cen-
dré, ou de bureau en forme de couleur
de paysans, à quoy ils sont accoustu-
mez tous les iours.

Il y a aussi de la poudre qui se fait
en Guyenne, à Grenade, au Mas de
Verdun, d'Asir, & à Cabartes, elle est
beaucoup plus violente que celles de
toutes les autres de France. Car vous
tirerez de celle-là, vous diminuerez
la charge, pour toutes les autres Pro-
uinces de la France, vous trouuerez

les poudres de mesme sorte, confor-
mes aux charges susdites, voila les
singularitez specifiees, desquelles on
se peut aider pour ladite chasse.

Pour tirer les Loups, & les Regnards, & les faire aller ou l'on voudra.

Il faut prendre vne liure du plus
vieil oingt que l'on pourra trouuer,
& la faire fondre auec demie liure de
Galbanum, & quand cela sera fondu,
il y faudra mettre vne liure de hannetons pilez, & faire cuire le tout à petit feu par quatre ou cinq heures. Ce
fait, il faudra passer ladite mixtion
estant chaude, par quelque gros linge neuf, & fort, & le presser tant qu'il
ne demeure audit linge, que les pieds
& les aisles desdits hannetons, puis
mettez vostre onguent en quelque
boüette de terre, & le gardez car plus
il est vieil, & mieux vaut.

L'VSAGE.

Vous aurez vne paire de souliers qui ne seruiront qu'à cela, & ferez vn lieu d'affuse dans le bois pour vous cacher: & y attendre les Loups, & les Regnards, qui vous y viendront trouuer, où vous les pourrez tirer à vostre aise, de si pres que vous voudrez.

Ayant fait vostre affuse, ou choisi vn lieu propre dans le bois, vous frotterez la semelle des souliers susdits auec ledit onguent, & vous irez pourmener par le bois, vers les lieux & endroits ou se retirent lesdits animaux, & vous en reuiendrez à vostre affuse: car ils ne faudront à vous venir trouuer.

FIN.

www.ingramcontent.com/pod-product-compliance
Lightning Source LLC
Chambersburg PA
CBHW052036270326
41931CB00012B/2514